困在婚姻陷阱中的女性

Piégée dans son couple

【法】让-克洛德·考夫曼 著
Jean-Claude Kaufmann

刘思思 译

南方出版传媒
花城出版社
中国·广州

图书在版编目（CIP）数据

困在婚姻陷阱中的女性／（法）让-克洛德·考夫曼著；刘思思译. -- 广州：花城出版社，2019.2
ISBN 978-7-5360-8850-4

Ⅰ. ①困… Ⅱ. ①让… ②刘… Ⅲ. ①女性－婚姻－通俗读物 Ⅳ. ①C913.13-49

中国版本图书馆CIP数据核字（2019）第013544号

图字：19－2017－014号
Piégée dans son couple
© Éditions Les liens qui libèrent, 2016
《 This edition was published by arrangement with L'Autre agence, Paris, France and Divas International, Paris 巴黎迪法国际版权代理 All rights reserved. No part of this book may be reproduced or transmitted in any form or by any means, electronic or mechanical, including photocopying, recording or by any information storage and retrieval system, without permission in writing from the Proprietor.

出 版 人：詹秀敏
责任编辑：揭莉琳
技术编辑：凌春梅
封面设计：庄海萌
内文版式：礼孩书衣坊

书　　名	困在婚姻陷阱中的女性
	KUN ZAI HUNYIN XIANJING ZHONG DE NÜXING
出版发行	花城出版社
	（广州市环市东路水荫路11号）
经　　销	全国新华书店
印　　刷	佛山市浩文彩色印刷有限公司
	（广东省佛山市南海区狮山科技工业园A区）
开　　本	880毫米×1230毫米　32开
印　　张	4.5　1插页
字　　数	90,000字
版　　次	2019年2月第1版　2019年2月第1次印刷
定　　价	28.00元

如发现印装质量问题，请直接与印刷厂联系调换。
购书热线：020－37604658　37602954
花城出版社网站：http://www.fcph.com.cn

目 录

前　言	/ 001
第一章　女性的呐喊	/ 001
第二章　对爱情的极度渴望	/ 063
第三章　男性和女性	/ 081
第四章　安东尼	/ 107
结　语	/ 119
最新消息	/ 131

前言

一切从床上开始。当我在做与"被子里的温柔战争"这个主题相关的调查时，不少受访者的故事指向了同一个问题：夫妻之间存在的不只是小摩擦，而是真正的煎熬。一些受访女性详细描述她们是如何紧紧蜷缩在床边，只为避免和丈夫有任何的肢体接触。对于曾经深爱过的丈夫，她们现在只剩憎恨。出于各种理由，她们不能离婚，逃离显得不切实际，她们被困住了，被困在了地狱，婚姻地狱。

这些故事令人震惊，描述细致入微。她们的情绪，包括最负面的情绪，让她们的陈述大胆且令人信服。这些充满真实和痛苦的文字又促使其他女性吐露她们自己的故事。雪球越滚越大，跌落折磨的无底深渊。在别人的故事中，每个女性都找到了共鸣，从而进一步自我剖析，揭露更多故事背后的真相。仿佛一场集体治疗的幻觉。

为了不辜负大家的期望，我不由自主地卷入了这场冒险。大家将自己私密而痛苦的秘密告诉了我，并让我公之于众！我必须全部写出来，不漏一词。每一个单独讲述的故事，合在一起，却有着一脉相承的统一性。编纂一本小书的计划由此而来。但很显然，这本书不能只有故事叙述而无评论。

因为这些故事里女性的愤怒和激动会让读者产生某种不适感。读者也需要某些东西来帮助他们对现实情况有一个真实的了解。确切地说，读者需要的是两个东西。首先是男人。这些故事揭露了男人在婚姻危机面前如何沉默以对。所以，我们并不奇怪，关于这个问题，男性发言很少，几乎没有，实在可哀可叹。男性的所思所想似乎难以理解、神秘莫测。对读者而言是如此，对和他们一起生活的女性而言同样如此。她们始终没有猜透对方内心深处的想法。

所以我必须让男性说出他们的真实想法，才能知道镜子另一边的情况。只有这样，男性作为一个整体的、统一的形象才能真实地展现出来。可惜的是，这一形象几近扭曲夸张。懦弱无能、睚眦必报成为宣泄暴力的另一种方式。这一形象本身就很能说明问题，但同时，这个形象又太过夸张，反而不那么具有代表性和说服力。在面对婚姻问题和个人脆弱情绪的时候，绝大多数男性都不至于如此极端。更常见的情况是，他们如哲人般默默承受婚姻中的痛苦。而这恰恰是婚姻生活中非常难能可贵的。某些女性的行为甚至直接导致了男性的沉默不语。

第二个缺失的东西，是爱情。在充满蔑视和仇恨的婚姻中，没有一丝残存的爱情。一旦爱情消逝，夫妻关系将只会剩下苦涩的景象和干涸的大海。下文将讲述此类婚姻。婚姻之舟将会在暴风雨中凄苦飘摇，直至沉没。婚姻将只剩痛苦，只有痛苦，美好逝去，永不再现。但是，美好当然存在，毫无疑问。失去爱情的婚姻，女性的绝望颓废是无法形容、难以想象的，除非我们懂得她们对爱情的幻想和对爱情的极度渴求。因为我们从来没有像现在这样渴望爱情。但正是因为这个梦想的存在，当它越来越清晰，越来越强烈之时，一旦现实生活无法满足，反而会制造无尽的痛苦。当夫妻矛盾超越日常生活摩擦范围，陷入难以言状的阴暗纠缠泥潭之时，痛苦更甚。世间的任何伤痛都比不过婚姻带来的痛苦。

令人痛苦的幻想

我们即将看到一些女性的故事。也许是出于对未知的害怕，也许是出于对爱情的不舍，她们无法挣脱婚姻的泥潭，备受婚姻的煎熬。这些女性犹豫不决，徘徊在对原则的坚守和对浓烈爱情的幻想之间。她们渴望得到能够占据她们全部身心、甚至让她们奋不顾身的爱情，渴望得到五彩缤纷、有滋有味的生活。可惜啊，当这些渴望越是强烈，甚至非实现不可的时候，就越令人陷入求而不得的情绪中痛苦不已。因为，当女性沉浸在这些有可能实现的幻想中时，就会和现实越来越疏离，直至完全迷失方向，最终导致其内心世界的坍塌。一边是对婚姻的坚持，一边是对爱情的渴望，两者皆不可得，她们便跌入了内心世界的真空之中。

　　下面是艾莉斯的故事，幽怨哀伤，却真实地再现了她的婚姻生活。只要她觉得精神上准备好了，并且时机成熟(搬家、换工作、丈夫日益恶劣、激起反抗的态度、结识新的朋友)，她就开始幻想如何逃离这个婚姻陷阱。之后，一切都会变得更加清晰，更加简单，她将重拾美好生活中的正能量。但是，不幸似乎紧紧跟随着她。每次都会出岔子，毁掉她斩断旧生活的勇气。她的正能量瞬间消逝，生活失去颜色，一片黑暗。

　　婚姻已死，而对爱情的幻想仍在，这样的生活让女性备受煎熬。仅看这些故事的开头，我们似乎并不能得出这样的结论。艾莉斯和妮娜讲述了她们如何通过一次偶然的机会结识了她们的丈夫，而结识的过程近乎荒诞，十分可笑。她们也十分坦诚地说对陈规的服从和对婚姻的担忧在她们的决定中起了关键的作用。这并不让人惊奇。大多数夫妻的相识都是可笑又偶然的，与我们想象中的浪漫相遇相去甚远。浪漫的初次相遇（缘分天定、独一无二、一见钟情）其实很少在现实生活中发生。或者，一见钟情即使存在，也仅仅只是漫长婚姻生活的基础。对于艾莉斯和妮娜而言，这样的开头并没能阻挡她们对爱情的幻想。她们的幻想十分强大，一直诱惑着她们、裹挟着她们。最可怕的是，就在她们以为可以获得这种爱情的时候，她们跌入了心碎和痛苦的深渊。

会说话的故事

下面的故事尽量还原受访者的原文。我的评论将尽量隐藏。因为这些故事本身就很能说明问题。如果试图从社会学或者心理学角度加以解读的话，反而会掩盖其真正的问题。就如同想在一团乱麻中抽出一根细丝以凸显其价值，反而掩盖了这纷繁丝线背后蕴藏的无尽宝藏。而本书所探讨的正是这一团乱麻。各种因素的交织集结成了这个可怕的陷阱。

不是每个婚姻危机都以相同的方式滑入陷阱。有时候，它们更喧闹，更具表达性，充满了婚姻生活中可能出现的各种场景：吵闹、愤怒、摔门而走，甚至家庭暴力。换言之，它们更激烈、更直接、更彻底、更粗暴。当夫妻双方都不愿意继续这些冲突的时候，尤其是没有任何一方愿意摆脱原则爱情和无条件的爱（下文会解释）的束缚的时候，婚姻中的陷阱就形成了。但是，对于传统的基督教而言，前提是"无论顺境逆境都永远相爱"。身处逆境，却仍然不由得继续走下去，即使婚姻的基石已不在，即使相互信任的黄金法则（婚姻的基础）已被破坏。

陷入婚姻陷阱的全部过程将展现在我们面前，一方的内心崩塌引发另一方的泥足深陷。我们将看到在故事的最开始，对安全感的需求和对习俗的遵守如何影响故事的发展。随之而来的是面对不如意情况的回避策略，一旦出现决定性事件，婚姻关系中相互信任的黄金法则便遭破坏，双方关系急转直下，信任丧失，取而代之的是蔑视。仿佛只有通过打击妻子的自尊，一直以来态度消极的丈夫才能重建自尊。婚姻的陷阱就此产生。内心备受伤害，失掉信心和精力的女性，被困在了陷阱中，无力解决婚姻危机。现实生活的痛苦促使她幻想另一种生活，而这种生活的遥不可及却反过来加速被困女性的内心崩塌。

婚姻陷阱里的一团乱麻正是互信互爱黄金法则的反面。在互信互爱的黄金法则里，夫妻双方相互照顾，相互体谅，互相有着深深的安全感。而在陷阱里，夫妻双方拼命将对方推入深渊，却没有人能够走出婚姻。当然，我们也不愿任何夫妻以爆发或暴力的方式离婚。但是，婚姻陷阱里的折磨无时不在、无孔不入，比离婚更痛苦。接下来，我们将讲述各种痛苦，展现婚姻陷阱是如何一步步形成的。

第一章 女性的呐喊

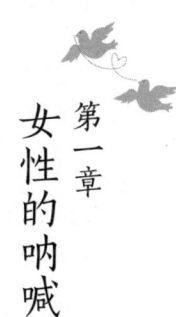

妮娜发邮件给我:"他只打过我一次,并不重,一个巴掌。我不是一个经受家庭暴力的女性,但对我来说这更可怕,我是一个没有生命的女性。"

妮娜不是她的真名,而是出于隐私考虑她自己选择的化名[1]。但是我要如何讲述她的故事才能让她的真实身份不会面临被暴露的危险呢?她发给我的故事长达六十多页,囊括了她十五年婚姻生活的点点滴滴,阴暗又可怕。我可以不提她的真实姓名,隐藏她生活的城市和工作的企业。至于其他的,我无法回避。只有这样,读者才能了解她到底经历了什么,才能看到这个陷阱如何将她一步步摧毁,如何让她的内心窒息。

我将心中的忧虑告诉了她:读者可能猜出她的身份,尤其

---

[1]本书中所有人物名字均为化名。

是她的丈夫。她想如何处理呢？妮娜回复我："你应该毫无保留地将故事展现出来。"她的这个决定非常坚决，并且迫不及待地想要看到本书的出版。她说："我的故事就像大海中的漂流瓶，里面是一封绝望而忧郁的信。我希望能有人看到它，也希望它能帮到其他的女性。我一直无法下定决心离婚。但是一旦我们的婚姻生活被公之于众，我就不得不离婚了。您的调查给我提供了一个绝佳的机会，我不愿错过。它迫使我付诸行动。所以，您一定要把一切都说出来。感激不尽。"

说出一切的强烈愿望

妮娜不是一个人，我收到了大量类似的故事。起先，出现在我的博客[1]上的讲述者并不多，她们大多言辞谨慎。但是，她们的讲述起到了抛砖引玉的作用。在镜子效应下，每个人都在别人的故事中找到了自己的影子，每个人都想将自己的故事讲述出来，将自己的痛苦释放出来。尽管各有不同之处，但是有着共同痛苦经历的女性形成了一个群体。很多女性都非常感激我。这其实已经成为了一个严重的社会问题，但是她们的感激却让我不知所措，因为我几乎没做什么（仅仅只是发起了一个调查）。同时，我也因此肩负了一个重任——我会不会让这些深受伤害的女性失望？

这是我从未经历过的。身不由己地，我被推到了这个正义

---

[1] 我的博客：www.jckaufmann.fr，这些叙述的公开部分仍在博客上面。

事业的舵手的位置。但很多时候，这个事业备受打击、毫无出路。我该如何抽离我现在的处境？并且，在情绪久经压抑之后，很多受访者的故事满是矛盾、语气前后不一。这一点都不让人踏实。比如，她们在匿名这一点上的模糊态度。妮娜和艾莉斯将她们的生活事无巨细地描述出来，不隐藏任何私密的想法，并且强烈要求一切都出现在书中。然而，和大多数人一样，她们却拒绝将故事发表在博客的公共区，而是通过邮件的形式发送给我。

妮娜甚至要偷偷地抽空写她的故事。她说："请您原谅我隔了这么久才继续写信给您，因为只有等我老公外出运动时我才能上网。如果他在家的话，我写这么长一封邮件很有可能被他发现。并且，他在家的时候，我也很难集中注意力，因为怕被他发现。"我对艾莉斯也提出过相同的问题，她给了我和妮娜一样的回答。我可以，并且也应该毫无保留地将她的故事写进书中，而她的丈夫根本就不会知道，因为他根本就不看书。他根本就不会知道！但她是为了让丈夫知道才把故事讲给我听的啊！艾莉斯说："一旦您的书出版，事情将成定局，白纸黑字，无从反悔。我不能退缩，我要有离开的勇气。生活就是如此，您的调查出现得正是时候，不早也不晚，刚刚好。就在我决定有一天一定要离开的时候，您的调查就出现了，至今都令我难以置信。"本书的出版肯定会让她下定决心离婚。

以下是艾莉斯和妮娜的故事，相互交错。其他女性的故事适时穿插其间，如同和声，烘托出艾莉斯和妮娜的二重唱。这些声音混杂在一起，尽管有各自的特点和不同之处，却吟唱出了一段相同的旋律——不能离婚之痛。贝奈蒂特看完博客上全部的故事后说:"不同的人的不同经历却有如此多的相同之处,太令人震惊了!"艾莉斯和妮娜的故事复杂曲折,如同小说(我还是选择保留"小说"一词。尽管我曾对她说过她的生活根本不是小说,而是折磨和痛苦。她听到后非常生气)。她们的讲述含混不清、缺乏条理,现在和过去的事情相互交杂。

妮娜比艾莉斯写得还要多,故事无所不包,似乎可以无休止地写下去。我能感觉得到,她写下的每一字每一句都能让她好受一些。但是于我而言,如何理清这颠三倒四、杂乱无章的长篇大论呢?我所需要的,是一个故事,有始有终,有起承转合的故事。我建议她按事情发生的先后顺序来讲故事。从他们的相遇说起。她说:"唉,开头就不顺,别别扭扭的,莫名其妙的一个相遇。"我想听的,恰恰是这个莫名其妙的相遇。

莫名其妙的相遇

一切都发生在妮娜最好朋友阿德伊娜的婚礼上。当时她觉得非常不自在。在三十一岁的年纪,仍旧单身,她开始严肃地考虑她的未来。尤其是在她最亲密的朋友阿德伊娜遇到了她的丈夫之后。

阿德伊娜的姐姐是职业摄影师,负责结婚当天的拍摄。妮娜莫名其妙地就站在了奥利弗耶的旁边。那时,她根本不怎么认识他。阿德伊娜的姐姐让他们靠近一些,便于拍照。鬼知道她怎么会那么说!"我记得很清楚,就像昨天发生的一样。我们木讷地挨在一起,按摄影师的要求朝镜头微笑。接着,她说了一句毁了我一生的话:'你们多么登对啊!郎才女貌,绝配!'她其实也就是随口一说,压根不走心的一句话,仅仅是出于礼貌而已。但是,我却听进去了,这句话在我心里留下了深深的烙印。"

绝配!为什么不呢?奥利弗耶长得不错,在他的朋友圈里游刃有余,看起来温柔体贴。她对他并没有任何感觉,但是,是不是是时候放下她小女孩的梦想了——与白马王子一见钟情?生活不是童话故事。外人看来郎才女貌的画面安抚了她已经悄然萌生的焦躁不安,也让她在婚礼那天表现得有点疯狂。她挨着奥利弗耶,就几秒钟。大家都借摄影师的话打趣:"你们真是天生一对!""大家都围着我们重复着这句话,半开玩笑,半认真。"一整天,他们都待在一起。紧接着,他们开始约会。然后,他们开始同居,仿佛事情只能往下继续发展,不能停止。"阿德伊娜婚礼那天,我真应该摔断腿。"但是天意就是这么随意任性。

妮娜对他们的相识持批判的态度,非常后悔选择了这条和她所向往的浪漫相去甚远的道路。令她后悔莫及的还有那么多次绝佳的逃离机会。回到故事最开始的地方,为什么她登上了一条不属于自己的船?为什么即使从来没有真正爱过奥利弗耶,在他身旁也从没感到过真正的快乐,她却还是选择了继续?"即使情况越来越糟,我原来都一直以为某一天,这一切终将结束。生活如此煎熬,我却没有勇气改变,甚至不敢幻想生活能有所改变。情况就是如此,无须任何赘述。

我当时真是蠢得可以,我根本不爱他,根本就不应该和他在一起。"无独有偶,很多叙述都提到了一段没有爱情的开始,当时却没有引起警觉。回忆起和丈夫的初识,贝奈蒂特充满了后悔,也很讶异其实在那个时候,就已经问题重重:"在我们婚礼当天,我就觉得气氛沉重了。"是不是一切都已在故事之初就已成定局?

但是,爱情是什么样子呢?

这事实减轻了我的困惑。通过之前的调查,我发现大部分夫妻在相识之初都充满了犹疑,很多夫妻相识并不是出于相互吸引。比起小说里的理想模式(一见钟情),现实生活往往更为复杂。我知道有些美满甜蜜的爱情故事在开始的时候甚至充满了相互排斥(局促不安、害怕厌烦)。但是妮娜并没有排斥,她压根就没有任何感觉。她和奥利弗耶的爱情就如同空穴来风,没有任何根基。情感根基的缺失就如一只怪兽,纠缠着妮娜,啃噬着她的内心,直至将她完全吞噬。

艾莉斯的故事里没有感情基础的缺失。这个我们将他命名为热霍姆的男人起初在她眼中甚至还是一个"如绅士般体贴"的形象。热霍姆从外形上看不是她喜欢的类型("胖得像火车上的三明治",而她喜欢肌肉男)。在她人生的关键时刻,他们相遇了。当时,她正为刚刚过去的高三懊悔不已,因为她把时间全都浪费在了疯狂的派对上。"当时,我初尝爱情滋味,体验了很多个第一次。我们享受玩乐,总而言之,一切都很疯狂,游戏人生。"后来,艾莉斯发现不能再那样继续下去。尽管当时还很年轻,但她却向往井然有序、认真踏实的生活。也向往爱情,真正的爱情,如果可能的话,如电影中美妙的爱情。但是,人不能沉溺在幻想中。爱情之外还有婚姻、家庭、孩子。"我决定换个朋友圈,和另外一群朋友交往。那天晚上,在酒吧里,一个小伙子想找我说话。他并不是特别讨我喜欢,话也不多。我对他没感觉,但是,就在我即将离开酒吧的时候,他追了过来,约我后天早上见面。后来我总在想如果那天晚上他没有在最后一秒钟追上我,我的生活会是什么样子。"

艾莉斯坐朋友的车回家,刚好车上有热霍姆最好的朋友。他非常热心地打听他们之间发生了什么,还给艾莉斯做工作:"艾莉斯,他是一个很认真的男生。他想和你认真地交往。"她其实觉得热霍姆只是想玩玩而已,并不认真。但是热霍姆朋友的话却说服了她。"我对自己说,他好歹是一个认真的男生,为什么不试一下呢?"于是,她赴约了。接下来的故事,现在看来,都是一件件不该发生的事情,因为她早该结束这段关系。除了第一次约会。和妮娜不同,艾莉斯和热霍姆的第一次约会进展不错,热霍姆体贴入微,如春风拂面,这的确打动了她。但是,源于童年深处伤痛的陷阱在那一刻就开始形成,不可逆转。

自爱自信

艾莉斯一直都缺乏爱和认可。"在我小的时候,父母没有给我什么自信心。还记得小学阶段老师对我的评语是:'艾莉斯缺乏自信。'整个求学期间,大部分老师评语都是如此。"艾莉斯的出生是个意外。"我是家里的老四,我的出生完全在父母的意料之外,也不受欢迎。我母亲被诊断为提前绝经,过了很久她才知道怀了我。当她得知这个消息的时候,深受打击。"艾莉斯一直说她小时候总受到母亲的嘲弄鄙视,她极度缺乏爱和被爱的感觉。

爱的缺乏如同主线一样贯穿大多数女性的故事,同时也解释了婚姻陷阱的情感表象:困在婚姻陷阱中的女性都是极度缺爱的女性。她们对爱情有极大的期待和幻想,随时都准备全身心地投入其中,甚至不惜拒绝对她们而言可怕的婚姻生活。童年时代关爱和呵护的缺失让她们的自信心更加脆弱。她们的丈夫觉察出了这一点,进而无耻地利用她们的脆弱,肆无忌惮地对她们进行精神折磨。因为丈夫们知道她们不会有任何反抗。

"我感觉到了这些年他如何摧毁我的自信,他做得极其隐蔽,甚至看不出任何痕迹。"多咪妮珂坦言。薇薇,在经过了早期平淡无聊的婚姻生活之后,觉察到了一种可怕的转变:"他变得专制蛮横,不放过任何一个打击贬低我的机会,包括在孩子面前。一旦有外人在场,他又会笑容满面。可是,在家里他却是另一副面孔。听到他的恶言恶语,我不知道哭了多少回。可他每次都说这一切都是因我而起。"丹甚至想到过自杀，因为她的婚姻生活简直是个地狱："在别人眼里，他就是个完美男人：举止儒雅、体贴温柔、乐于助人……可是，这些都是装模作样！回到家中，他就变成了另外一副模样。羞辱、鄙视、精神折磨、谎言。他无情地中伤我，让我生活在可怕的真空中。他指责说一切都是我的错，而他完美无瑕！他监视我，翻查我的物品，责备我洗澡的时候自己抚摸自己；将我的指甲磨平，好让我的手指能够伸到你们可以想象的地方……他不能忍受我和别人说笑。我累了，那可不是他的问题，每三天一次，他要发泄，即使我睡着了，他都会叫醒我；我体会不到任何快感，那也不是他的问题……其他的例子？多得数不过来。我恨他，他让我恶心。"

　　薇薇和丹的故事很极端，精神暴力占据了她们全部的婚姻生活。但是，她们也极具代表性，反映了日常生活的点滴。通常，丈夫的鄙视无声无息，不显山不露水，却一箭双雕：巩固他自己的自尊（凡事他皆有理，妻子是一切不顺心的源头），摧毁妻子的自尊。在这样的打击瓦解之下，妻子信心全无，受伤的妻子已无任何还击之力。

　　婚姻陷阱之可怕，还在于没有其他人知道真相。大多数故事都控诉了丈夫行为的反差，人前人后两副面孔。妮娜的痛苦无法对任何人倾诉，没有任何人能理解，即使是闺密，她们反问："你有什么好抱怨的？你家庭美满，丈夫完美。"妮娜说："更可怕的是，这个家庭完满的假象是我自己一手塑造的。是我跟朋友们说我生活得很幸福，有个完美的丈夫，会一起做很多美好的事情。然而，这一切都已不复存在。回头想想，不免觉得可怕——我这是自己挖坑自己跳啊！"这些可怜的女性们，当初对外界描绘这个幸福得夸张的肥皂泡，原因很单纯：她们需要这个幸福生活的美好幻象来自我催眠，自我麻醉。哪怕她们的生活其实平淡得不能再平淡。

普通的生活

艾莉斯非常坦诚，她告诉我她和热霍姆相恋之初的盘算："某种程度上来说，我当时很希望过上和其他人一样的生活，夫妻感情和睦，能够让我重拾自信和价值。我记得当时我十分回避交往没有固定工作的男朋友，最好是大学生，或者已经参加工作了。当时我曾经在酒吧里碰到过一个外形非常吸引我的男人（尽管没有布拉德·皮特的身材，但真的很棒，十四年了，我还记忆犹新），但是我们没有下文，因为他靠打零工为生！现在回想起当时自己的想法，觉得很奇怪，那么年轻，却仿佛要一下子给自己找一个终身伴侣似的。想要一份工作，这个想法当然是好的，但我当时不确定能否在职场上大展拳脚。"她的爱情幻想，更确切地说，爱情被她抛在了脑后，因为她更需要一个稳定的生活。"我需要一个完美的社会形象（丈夫、孩子、房子、车子）来得到社会的认同。并且，我害怕被遗弃，害怕孤独。"其实，她所需要的社会认同和害怕孤独是一回事。这两者最终让她躲在一段看似正常的婚姻里。

我想到了克洛蒂娅。她极度确定她会将婚姻"坚持到底",尽管开头糟糕烦乱:"他是退役军官,仪表堂堂、学养丰厚、风趣幽默。总而言之,我对自己说一定要坚持到底。我们去旅行,没有发生任何关系,甚至没有任何亲热的举动,没有任何爱意的表达。我忍不住问他原因,他说这对他来说不是问题。我耐心地空等,等待永远都不会到来的情感交流。床上,一片孤寂。如果我说没有情感的真实表达,我们的关系会非常脆弱,他一定会沉默以对,以示拒绝。我们将这样继续四年,而我将继续等待。我是那么害怕孤独,所以我将继续苦等,却苦苦等不来;盼望,却久久盼不到。"

梦想的婚姻

艾莉斯憧憬婚姻,美好的婚姻。她也十分渴望电影中浪漫的求婚,诚意十足,单膝下跪,钻戒,鲜花。热霍姆却简单粗暴地拒绝,说他绝不会跪地求婚。至于结婚,他没有拒绝。"我满足于此,我们为了婚礼忙碌了一年半。大家都对这个婚礼记忆深刻。"

婚姻、别墅、孩子:一幅岁月静好的画面徐徐展开。但是,艾莉斯却觉得生活越来越不真实,掩盖了痛苦的感情生活。她慢慢意识到在众目睽睽之下,为了获得他人艳羡的目光(尤其是她公公婆婆,对她十分挑剔),她陷入了婚姻陷阱。"取悦那些讨厌我的人,做别人期待我做的事情(一份不错的工作、结婚生子、有房有车等等),我一路向前狂奔,对自己许诺：'等我得到了这个，我就会幸福的。'当我达到目标，却感觉不到任何满足，于是我继续追逐下一个目标，投入到对幸福狂热的追逐当中，却永远求而不得。"

为了逃避，拼命向前。这样，她可以不理会当下生活的伤痛，明天充满了希望。今天，她回望过去，对自己充满了恼怒："如同夸父追日一般，我的盼望永不可能实现。我意识到这非常可笑，蒙住双眼，逃避现实。"多咪妮珂采取的也是鸵鸟政策："这么多年，我们之间没有亲密的举动，没有嘘寒问暖。但是我没有不满，因为我沉浸在自己的幻想之中。我埋头于幻想，而生活继续。"安妮也解释不了为何她仍然没有走出爱情丧失、仅余鄙视的婚姻："我却仍然没有离婚。莫名其妙地，我继续自我摧毁。我也问过自己为什么要如此决绝地将自己置于痛苦煎熬的境地。"安妮讲出她的故事，试图找出其中的原因。但是，她说："重忆往事，我仍困顿其中。"贝奈蒂特甚至完全没有感受过婚姻的美好，从一开始，气氛就很沉重。"然而，我没有离婚……我许下了承诺，就有义务坚守到底。"她仍心存幻想，期待有一天婚姻能变得美好，特别是在宝宝出生之后。然而大错特错！孩子的到来将让陷阱变得更加可怕；因为至少在宝宝小的时候，我们不能说走就走。

"让我生不如死的，是我的婚姻。"

其他人，亲近的，不太亲近的，都说不能光抱怨。克丽缇娜很愤怒："对我而言，最可怕的，是当我尝试向他人解释我的处境的时候,他们,甚至包括我的父母,都指责我疯了,无事生非,说我的丈夫那么优秀,那么爱我,我却没意识到自己的幸运。"

外界的看法和真实的生活存在那么大的差距(专家称之为不和谐),难免会让人烦躁不安,甚至产生一些极端的念头。面对难以解决,甚至没有出路的困境的时候,自杀或杀人的念头不时闪现。"没有人能够理解这种困境带给我的痛苦,它毫无逻辑、深入骨髓,让人不寒而栗……就差最后一根压死骆驼的稻草。"克丽缇娜倾吐着内心的苦楚。鲁妮娜说:"我想过结束这一切。幻想某一天,早上把孩子们送去学校,之后就开车逃得无影无踪。过了很久,我才恍然大悟,让我生不如死的,是我的婚姻。"

幸运的是,这些都只停留在幻想阶段,并没有付诸实际。(如果成为现实的话,她们就不会跟我说这些了!)更准确地说,这些都是噩梦。如同一个让人心生罪恶感的奇怪的噩梦:深夜漆黑之中,模糊看到一具尸体,反而给人一种踏实存在的光明之感。妮娜说:"你不知道我多少次幻想成为一个寡妇……但是,不可能,恶人命大。"如此邪恶的幻想才能一解心中的抑郁忧愤,足可见让人困顿其中的婚姻陷阱是多么骇人。

我们通常太过于相信表象。它们并没有那么简单,有时候,甚至能够让生活掀起惊涛骇浪。当然,对外界编织自己美好的家庭生活形象是一种非常常见的建立自尊的方式。薇玥莱特说得很有道理:"有多少个商店铺面像橱窗那样陈列精美,井井有条?答案肯定比我们想象中要少。但这些'假完美夫妻'让别人辨不清真假,以为生活得一团糟的只有自己。"如果这个完美假象是我们自己亲手塑造的,就更令人深受其害、后悔莫及。艾莉斯和妮娜就是如此。马蜜对此也后悔不已:"长期以来,我们都以恩爱夫妻示人,而这是一个严重的错误。"吉妮侬仿佛与她遥相呼应:"我编织了一个盔甲来保护自己的婚姻和家庭,结果,我却被它束缚了,困在了海市蜃楼的虚幻之中。"

"没有比沉默更糟糕的了"

妮娜,和她们一样,对未来充满了恐惧,害怕要独自一人面对,害怕成为"老姑娘",害怕被已婚人士,被所有正常的人嘲笑。"当阿德伊娜说她要结婚的时候,对我真是一个打击,我开始陷入深深的恐慌。"她说,"奥利弗耶长得不错,虽说没有全情投入,但是长得不错。"外人的眼光(从摄影师的那句话开始)给了她走下去的想法。她甚至期待某天能爱上奥利弗耶,这是她所期盼的,一个不能实现的假设。每次她和奥利弗耶一起去会见朋友或去酒吧,她都想证明爱上奥利弗耶是可能的。和朋友们在一起的时候,他口若悬河,自在放松,是整个朋友圈的灵魂人物。有时候,他甚至会对她做出一些亲密的举动,给人以恩爱的错觉。而她会显得不知所措,却又内心惊喜。"现在,我知道他仅仅是出于绅士风度。他在扮演一个角色,我却不知道为什么。"因为,一旦回家,他就判若两人。奥利弗耶不暴力,也不吼叫。他沉默不语,越来越沉默。身在,心不在。"没有比沉默更糟糕的了。因为我不知道发生了什么。我问他,他不语,要么嗯啊两声以示回应。"

家中充满了奇怪的气氛,没有任何冲突,但空气中都是难以言状的紧张和莫名的尴尬。"我觉察得出他肯定碰到了什么事情,他过得并不开心,但是他从来都一言不发。我至今还弄不清我们为什么走到了这一步,可怕的沉默。"几个月之后,他们连电视都不一起看了,不在一起做任何事情,除了例行公事的性,她也感觉不到任何愉悦。还有一日三餐。妮娜非常在意一日三餐,因为这为他们提供了唯一能够进行零星交流的机会。奥利弗耶很爱美食,吃饭的时候总是很享受。妮娜厨艺不错,她忙忙碌碌几个小时,就为听到他的一句"好吃"。对妮娜而言,这仿佛是专属于她的最美妙的甜言蜜语。

可叹的是,奥利弗耶偶尔吐出的"好吃"二字并不能称之为真正意义上的对话。他们的餐桌还是被沉默的氛围所笼罩,令人窒息。妮娜不知该如何打破沉默。"如果我絮絮叨叨、家长里短,便明显感到他更加烦躁,更加沉默。最可怕的是,他似乎并不觉得这沉默如何可怕煎熬。他慢条斯理地吃着,其他的他全然不在乎。有时候,我真想把桌子给掀了!"

夫妻关系的消逝

几乎所有女性的讲述，有百来个，都对我提到过沉默，提到过交流的日益萎缩，还有双方的相互摧残：一方沉默不语，另一方精力耗尽。夫妻关系在沉默寡言、漠不关心、激情不再中慢慢消逝。在衰老的过程中，人的活力会慢慢消散，人未死，心已衰。专家将这一阶段称为"眷恋缺失"。比如，电视还在放着，声音开到最大，但没有人看也没有人听。夫妻也会经历相同的过程：夫妻之间的"眷恋缺失"让生活陷入一潭死水，停滞不前。一方神秘放手，另一方便会随之跌入深渊。有时候，甚至没有吼叫，没有争吵。

我的调查主题引起了阿丽斯强烈的共鸣："您的文章让我醍醐灌顶，泪流满面，撼人心神。即使不是从一开始，也是由来已久了，我的丈夫对我不理不睬，对家里不闻不问。两年了，我们没有任何性爱。很久以来，我一直错误地以为事情总会有转机，我们有朝一日能和谐相处。可是我错了。我发现，只要我不主动，我们就不会做爱。我不再主动，六个星期过去了，他没有任何反应。（我都快抓狂了。）如果我不主动和他说话，我们就不会有任何言语交流。我们在一起的时候，如果我不提出任何建议，我们就会待在家里，任何事情都不做，不说话，不做爱，也不出门。最后，我实在不能接受名存实亡的夫妻生活，于是我开始主动不停地跟他说话，向他提议如何改变我们的现状，他全盘同意，却不付诸实践。您的许多描述：'冷漠''地基坍塌的婚姻''夫妻之间已无任何牵连',如同匕首,直刺心头。"

脆弱又可悲的生活

比起阿丽斯,伊莲娜没有什么可抱怨的。她的日常生活阴郁沉闷,但至少还有"一点性、一点尊重,没有争吵,没有暴力"。除此之外,一片空白。"生活耗尽了我们的爱情,我躲在沉默筑起的高墙内。我曾试图逃跑,躲藏,最后将自己埋葬。生活沿着它固有的轨迹继续向前行驶,脆弱又可悲。前面有什么,我一无所知……充满恐惧。"艾莉斯也生活在恐惧之中,尤其是在她有了自杀的念头之后,几近执念:"我发现自己困在电梯里。我想看医生,我为自己感到羞愧。当我告诉丈夫我要去看医生,并解释为什么要看医生时,他躺在沙发上,目不转睛地盯着电视,随口哼了一句'哦',甚至都没回过头看我一眼。"西尔维则更多的是对日常相处的担忧:周末和假期,他们不得不整天待在一起,这令她困扰不已。"他成天都显得疲惫不堪、百无聊赖、怒气冲天、沉迷网络。我也不比他好多少……"可怕的愤怒。因为,在这沉默和空虚的汪洋中,山雨欲来、暗流涌动,随时有人会爆发。

贝奈蒂特说:"我们之间,只有冷漠、鄙视和仇恨。"很多女性都提到了夫妻关系中尊重的缺失,或显或藏的鄙视。正是无处不在的鄙视让冷漠肆无忌惮。丈夫似乎就在那儿,但他已不是他,只剩躯壳。"仿佛和我生活在一起的不是那个我曾经深爱过的男人,而是一个陌生人,一个让我与死亡共舞的陌生人。"吉妮依那么文艺地描述她和丈夫的关系。她也深受婚姻陷阱之伤,情已逝而心犹不舍。玛丽说:"我们之间温情不再,没有任何交集,哪怕是在床上。"她继续感叹这份双重的孤独是多么容易滋生仇恨和暴力:"愤怒不满笼罩着我们,伴随着指责、失望、咒骂、羞辱……"前一秒,沉默、零交流;后一秒,怒吼、拳打脚踢。

家暴

妮娜一开始就说:"我不是一个遭受过家暴的女性,但却是一个没有生命的女性,这更可怕。"名存实亡的婚姻关系中的女性和饱受丈夫的家暴和忏悔交替折磨的女性的处境是非常不同的。伊丽莎白认为遭受家暴的女性至少面对着一个显性的敌人,她们的丈夫从某种程度上说是真实存在的。她甚至幻想某一天被丈夫家暴,这样她就能退无可退地下定决心离婚。

克丽缇娜、艾莉斯和妮娜都不同意这一观点:暴力就是暴力,是最不能忍受的行为。对于关系冷淡紧张的夫妻,家暴并不以一种激烈的形式爆发,而是持续的、不令人察觉的、隐性的,却极具杀伤力。克丽缇娜的丈夫是拳击冠军。当她不顺他心意的时候,他就以教她防守为借口,跟她玩打拳击的游戏,其实是为了打她,将她打得遍体鳞伤。对艾莉斯而言,第一次家暴出乎意料。她和丈夫正处于冷战和疲累的状态下(热霍姆偷偷把她存起来以备家庭不时之需的钱花光了):"搬进我们自己的房子后,他就发狂了。宝宝就要出生了,他却把积蓄都输光了。满肚子的邪火无处发泄，而我要他给我更多的呵护，他就开始扇我耳光。很显然，怀孕并没有让情况好转。迫于无奈，我只能向警察局报案。他害怕被拘禁，也担心自己的工作前途因此被毁，家暴才停止。后来，我一直采取这种方法来让自己免于他的拳打脚踢。"

一开始，妮娜努力打破家里沉闷的气氛；她最害怕死气沉沉的氛围。她费尽心思为他创造各种菜式，只为听到他的一句"好吃"。奥利弗耶尤其钟爱甜点。他的最爱是清蒸蛋白，这是他童年的回忆。有一天，他甚至说妮娜的清蒸蛋白和他妈妈做的一样美味。可惜，妮娜发现，仅有的"好吃"的评论也越来越少。她换着花样做各式精美小点，却都是白费工夫，他不再有任何反应。直到那一天，现在回忆起来，仍令她颤抖。他猛地站起来，一言不发，胳膊一挥，一大盘清蒸蛋白被甩到厨房的墙上。接着，他用力地捶打餐桌，前所未有的疯狂暴力。"我以为我之前的生活已经惨如地狱，谁知他的爆发却让我如同失掉天堂。对于发生的一切，我完全不明就里。一切嘈杂仿佛地狱之声。到处都是奶油。空气中都是可怕的暴力的因子。我们俩都这样站着，沉默着。"他们俩都颤抖着。她是因为害怕。他，则是因为长期压抑的莫名其妙的怒火。

一个星期的海边露营

妮娜告诉我她如何每夜被噩梦缠绕。她梦见自己被流沙掩埋，直至窒息；或者陷入厚厚的奶油，黏稠，令人窒息。

"我拼命挣脱,想抓住清蒸蛋白,但是蛋白一碰就散,碎裂开来。"她再也不想忍耐了,终于对他开口:"我们不能再这样下去了,太煎熬了。"令她吃惊的是,他居然有了回应,以他自己的方式承认了他们的处境:"当然,不能幻想他会打开话匣子,一吐为快。他只是重复着我的话,说不能再这样下去了。但是他对他一直以来的莫名举动不做任何解释。当然也没有提出任何建议。"

当时是6月,妮娜建议8月一起去海边野营度假,把事情说清楚。"我当时还在幻想,幻想能够在轻松的氛围下改善我们的关系,结束沉默的尴尬。这是我不切实际的一面。但是,这最终变成了一个非常糟糕的提议。首先,这个提议将我们的交流推到了夏天,而当时我们正慢慢开始重新说话。其次,那次海边之旅简直就是地狱,比我之前的经历要糟糕一万倍。"度假的时候不停地下雨,他们不得不待在汽车旅馆里,哪都不能去,也没能像清蒸蛋白那次爆发后重启交流。妮娜号啕大哭,不能自已。"毫无预兆,我大哭起来,无法停止。好久之后,才能慢慢停止。但是,过不了多久,就又大哭起来,愈加伤心。他让我别哭了,我无法自控。他越是大吼着让我别哭,我越是止不住地大哭。我不知道哭了多久,也不知道哭出了多少升眼泪。难以想象。仿佛是清蒸蛋白那晚的重演。他越是拼命地捶桌子,我哭得越凶。整个星期,我们都煎熬着。"奥利弗耶从不碰她,除了做爱。粗鲁又直接,没有任何甜言蜜语或温情抚摸。妮娜猜想他们的宝宝就是那时候有的。

宝宝

得知怀孕的时候,她又喜又怕。他会作何反应?"我已经做好了最坏的打算,以为他会一言不发,或者再次捶桌子,大吼大叫。事实上,他没有。他看着我(他已经好久没有看我了)问:'是真的吗?'显然,这是真的。他甚至还说了些'棒极了'之类的话。相信我,这样的话对我来说比黄金还要可贵,我忍不住哭了(这次是高兴地哭)。"奥利弗耶立刻说房间需要重新布置。他说话了!重新布置房间的计划让他激动不已。说干就干,他马上就行动起来,干劲十足地在家里敲敲打打。他们是不是就此和解了呢?"我当时不知如何是好,又惊愕又开心。我似乎不应该再继续担心这个怀疑那个。但我就是没法让自己相信这样的转变。相反,我隐隐觉得事情没有那么简单。他每天锯木头、刨木板、刷油漆,他跟我说工程的进展,家具的颜色。现在回想起来,他却从没真正谈到过宝宝。他似乎很愿意成为父亲,却并没有准备好。"现在,我甚至觉得他也愿意成为丈夫,却没有做好准备。宝宝的出现仿佛是拯救他们摇摇欲坠的婚姻之舟的最后一次机会,绝望的机会。如要实现,却是困难重重,除非奇迹出现,幸运降临。可是奇迹并没有出现。

孩子出生时哭个不停,无休无止。"她仿佛浑身不舒服,可怜的小白菜,她似乎感觉到了家里的冷漠,毫无温情可言。毫不夸张地说,她晚上总是哭闹。白天也是。大病小痛从未间断。"我精疲力竭。奥利弗耶也越来越暴躁,尤其在我又忍不住开始哭泣之后。他又开始捶打桌子，乱捶一气。从那以后，他就到沙发客厅上睡觉了，这让他稍稍冷静一些。"而这一切让他们重新困在了沉默不语的气氛之中。

为人父为人母，为人夫为人妻

我们收到的很多故事，大部分都没有妮娜那么极端。通过这些故事，不难看出孩子的降临经常被视为夫妻关系的救命稻草，上帝赐予的最后一次绝佳机会。之前，大家都对阴沉可怕的婚姻现实视而不见，拼命向前，逃避隐藏。没有了爱情，却还是选择原谅，没有底线的原谅，甚至隐隐期待着什么。孩子的出生则让承诺实实在在、真真切切。当婚姻翻开为人父母的新篇章，多少夫妻仍然逃不出日夜相对的痛苦？在以孩子为中心的忙碌生活中，他们融为一体，你中有我，我中有你，无法分离。为人父为人母的他们有太多的决定要商量，太多的事情要完成，甚至根本意识不到夫妻关系已慢慢消逝。如果大部分的夫妻都会经历这样的转变，为什么当夫妻关系出现严重问题的时候，宝宝的到来却不奏效呢？

相反，当夫妻双方陷入无爱婚姻陷阱的时候，宝宝的降临只会让事情越来越糟。当然，孩子的出生让他们多了一重父母的身份，联合抚育孩子。至于这种联合，则根本谈不上热切积极。但是，婚姻的陷阱会将脱逃之门重重地关上，甚至是不可逆转的。艾莉斯说宝宝出生后，她感到了热霍姆态度的变化。他确信宝宝的出生让她不可能离婚，于是对她的恶劣态度愈演愈烈。妮可也言之凿凿:"我本以为他会变成新手奶爸,对家庭更投入。事实却相反。我惊愕之余,也失望不已。他对我恣意妄为,极尽讽刺蔑视之能事。他之前没有放肆到这种地步。像人们说的那样,他似乎以为从此可以为所欲为,他的自私冷漠、冷酷恶毒暴露无遗。我困惑不已,只能将心完全放在宝宝身上,而这又遭到了他的冷嘲热讽。我极度担心宝宝深受其害,于是不由得给予她过多的保护和关爱。这又让我更加无法离开这个冷酷的丈夫和不称职的父亲。四十年过去了,我们还在一起。四十年中,没有美好,只有痛苦和更痛苦。而我,一直和他在一起。"甚至和丈夫有着美好开始的凯瑟也在宝宝出生后美梦破碎:"怀孕前的四年,我们一直琴瑟和谐。可是怀孕后,一切都变了。为什么?我的理解是,他觉得我有了宝宝后一切都尘埃落定,我不可能离开他。慢慢地,我们成了同一屋檐下的陌生人,一起照顾女儿。生活死气沉沉,了无生气。"

孩子出生后死气沉沉的夫妻关系让不少困在婚姻中的女性都对她们的过去持一种否定的态度。她们回首往昔,愕然发现,虽然如今已难以逃离婚姻,之前却是有很多机会的。她们本可以、本应该有无数机会可以离开。但是,出于爱情、害怕、疲累,她们当时拒绝正视现在看起来显而易见的问题。曾经,选择离开婚姻易如反掌,为什么,为什么她们却没有离开呢?种种痛苦画面涌上心头,历历在目,仍令她们痛苦不已。而当时,她们明明可以选择离开,结束一切。机不可失,时不再来。当时的她们还不懂生活就是日复一日的重复

（毫厘之误会招致千钧之重）。分手的机会一旦出现，稍作迟疑，就会消失不见。而在当时，就是换一条路那么简单。

错失的机会

艾莉斯和妮娜对我讲述了她们错失离婚机会的细节。两个截然不同的故事。对艾莉斯来说，她一开始就有离开的想法。她不停地幻想，勾勒离开的场景，计算其后果。好几次她差一点就要跟丈夫摊牌，离婚。后来都不了了之。让她后悔不已的是，当时离婚是多么容易："如果时间能够倒流该多好！"与之相反，妮娜如一匹野马一样一头闯入婚姻生活，义无反顾，不论刮风下雨，笔直向前。直到清蒸蛋白那一幕的出现，突如其来的暴力让她想就地逃脱。"事情发生得太突然，以前完全没想过，或者很快就忘了。"我们知道接下来发生了什么，度假的计划取代了解释，之后就是那次地狱般的海边一星期。妮娜后悔极了，事发的那天她就该甩开厨房的门，潇洒离开。或者更早，当她不知不觉开始和奥利弗耶同居时，就应该果断离开。

艾莉斯跟我讲述了她是如何一步一步深陷泥潭，错失一次次结束关系、离开婚姻的机会。一开始，她就不应该赴约；她本来压根都不想去。事实是她赴约了，甚至觉得热霍姆温柔体贴，而她当时正处于空窗期，想开始新的恋情。他是个严肃认真的人（甚至严肃过头了），而她当时正想结束她那些像小孩子过家家般的小情小爱。和妮娜的经历类似，她就这样让自己进入了这段感情,她自己却没有激情。很快,热霍姆就想带她见父母。他们住在法国另一边的一个不知名的小村庄里。他们简直让人震惊!在艾莉斯口中,热霍姆的父母简直就是《悲惨世界》里的德纳第夫妇,小气、固执、可恶。她还不知道她马上就要变成可怜的珂赛特了,她将受尽折磨。热霍姆的父亲讨厌女人,对全世界都不满,甚至是他的家庭。"多么可怕!那时,我还对自己说,这不可能啊,他们不像是这样的人。"但是,她还是尝试着忘记这段不愉快,转而去幻想美好的婚姻、家庭、大房子。

但是她逃避不了多久。直到和热霍姆躺在床上,她才突然明白她再也没有和这个男人做爱的欲望,因为他和他的父亲在外形上是那么相似。他的父亲,可怕的"德纳第先生"。她十分抗拒热霍姆。"之后,想要结束这段关系的念头就没停过。我才22岁,这么快就投入到一段不适合我的感情中,是不是太仓促了?和这些人在一起有未来吗?"她下定决心要分手。但是,她却日复一日地将分手之事往后推(他有他的住处,她住父母家,他们没有同居。于是乎她更容易一推再推)。就这样,他们俩就在一起,磕磕绊绊整整两年。虽说只有两年,却如同一个世纪。这其间,她有很多机会可以离开!她没有果断完成的事情却以一种意想不到的方式发生了。那时,她遇到了热霍姆的一个朋友。"我立刻就对他着迷了。我说的是'着迷',而不是一见钟情,因为这种着迷更多的是身体上的,而当时的我对热霍姆没有任何性趣。于是,我下定决心和他分手。对他而言,这是灾难。"

可疑的爱情化身

　　和热霍姆朋友的风流韵事很难说不是艾莉斯潜意识里正翘首期盼的一次机会，好促使她下定决心分手。她分手成功了吗？她逃脱了那个即将将她牢牢困住的陷阱了吗？可惜的是，并没有。马上要上演的是一幕幕近乎虚幻的场景：之前透明、毫无存在感、冷漠（除了怒火冲天的时候）的恋人，一夜间转变得羞怯懵懂，饱受爱情折磨，甚至还会嘤嘤地哭泣，简直就是在对她进行毫不留情的感情勒索。"他几乎驻扎在我父母家门口。我躲在我的房间里。我妈妈就像一条恶龙，朝他喷火，想把他赶走！我妈朝他喊：'她是成年人，让她自己做决定！'"这是艾莉斯第一次听到她妈妈为她说话。她真该听妈妈的。可她并没狠下心来，而是被窗台下的求爱者感动了。"这就是错误的开始。我根本就不该让他再次征服我，真可悲。当时，我没有工作，缺乏自信。22岁的我，一切都糊里糊涂，其实对于这个年纪再正常不过了。我们重归于好。一年过去了，我不记得这一年是如何过来的，仿佛我已经把这段时间从记忆中抹去，黑洞一般。只记得，身体的激情已不复存在，事情却按部就班地进行，和所有人一样。我的身体和灵魂已经分离。"

　　他们荒唐的同居生活重新开始，并且很快就进入了新的阶段：他们打算买一套公寓。但是，很快，看似无关痛痒的一幕让她惊讶不已，揭示着他们之间肯定存在问题。他们看中了一套房子，犹豫不决。他打电话询问父母的意见，当时售房经纪也在场。"我就在他身旁,他们的对话我都听到了。他就像个五岁的小孩子一样被父母骂得狗血淋头。我震惊了,这才意识到站在我面前的不是一个男人,而是一个孩子。"显然,"德纳第夫妇"让她顿悟了。这一次,她才真正意识到,是该结束了。然而,热霍姆的工作合同到期了,没有续约,他失业了。"他备受打击,一蹶不振。他和他的一切都处于'故障'状态,即使我没有任何欲望,我还是尽可能地安慰他,让他看男性性功能医生。因为,尽管他烦恼重重,却还是想进行'床上运动',可他却无法勃起。我很烦躁,他很窘迫,我大发脾气,家里气氛愈加紧张。"

气氛紧张,摩擦不断,但是伴侣正经受着痛苦的折磨,这让人无法提出分手。几乎所有无法摆脱的婚姻都与此有关:害怕让痛苦中的伴侣雪上加霜,这是人类共通的包容之心。正是这一颗包容关爱之心成为婚姻陷阱的关键因素。并且,他们正在看房,买公寓。"这不是分手的好时机。我很了解他,他肯定不会让我现在离开,就像我跟他签订了一个隐形的合同,必须要陪他一起看房;就像我已经卷入其中,无法抽离。我也不知道为什么会这样,但是我没法再离开他了。"

"我会像个贱人"

那时,我就计划着找个男人做"挡箭牌",她这样形容,投入一场短暂的激情当中。不会持久,她也不会有任何感情投入。她将借助这段激情来摆脱热霍姆。"这样,我就能够有借口离开这个人,他也不敢再骚扰我,让我回心转意。有了这个念头之后,我极其渴望能梦想成真:遇见一个人,发生一些事情,然后跟热霍姆摊牌,潇洒离开!那样的话,我会像个贱人,但是,我将多么幸福!终于解放!"

艾莉斯最终没找到"挡箭牌",但是另外一个机会出现了,同样能够让她达到目的:她在一次职业竞赛中脱颖而出,并在另外一个城市获得了一个工作岗位。但是,工作的调动似乎并不能结束他们多年来纠缠不清、甚至像中了魔法般灰飞烟灭的感情。她决心跟他摊牌,断绝关系。突然之间,一切都变得很轻松。她的世界骤然清晰。她享受着自由带来的享受和陶醉。当然,热霍姆不同意分手,双方又一次进入了拉锯战。他提到了他们建立家庭的构想。"什么家庭?"她反问。他解释说他们一起选的大公寓就是为了以后的孩子们买的。但他之前压根没提过这个想法!对他而言,这是不言而喻的:如果她同意买大房子,那就意味着她间接接受了和他一起组建家庭的提议。而这正是热霍姆父母反对买大公寓的原因:他们讨厌艾莉斯。他成功地扛住了来自父母的压力,买了大公寓,而她也一直支持他的决定。于是,她应该也同意房子背后所代表的组建家庭的构想:那个家庭,她以后却背叛了它。

艾莉斯拒绝再被他的虚情假意、陈词滥调所俘虏。不管他如何巧言相劝、剖白真心,她决心已定,一切清零。可惜的是,细节是魔鬼,一个细节将让她付出昂贵的代价:为了不让他太过痛苦,她同意和他保持疏远的朋友关系。他给她写信，给她打电话，言辞愈加温柔细腻，溢满爱慕之情。从他们第一次约会之后，他再也没有如此温柔地对她说过话，再也没有对她说过这些甜言蜜语。他眼神闪烁着光芒，夸她如此美丽。他跨越城市，只为见她。他们见面次数愈加频繁。艾莉斯是否又将让步，让自己再一次被困在陷阱之中呢？她不这么认为。和热霍姆保持联系，于她而言，不过是过渡期的一个拐杖。因为从她搬家后，他时时感到孤独。她觉得，正相反，她正在创造更加自由自主的生活。她正处于人生的十字路口，但是她正准备着投入全新的生活。可惜，生活就是那么难以预料：就在这个时候，她遭遇了严重的车祸，大半年里她都不能自如行动（过了十年，她才能正常地做运动）。她没了工作，回到了父母家。"一切都被打回原形。"

艾莉斯是个充满活力、干劲十足的人。除了和热霍姆一团乱麻的关系（剪不断理还乱，让她缴械投降），还没有她不能完成的事情。尽管身体不便，她还是找到了一份新工作，甚至决定搬到一个小公寓里单独住。热霍姆不能理解。他调离了这个城市，买的公寓也一直空着。艾莉斯却拒绝住在里面。"他颇有微词，不理解为什么我不住到那个公寓，他总说是'我们的公寓'。我向他明确表示我想过我独立的生活，我想靠自己的翅膀飞翔。"然而，一个人住在小公寓里，她不可避免地感到孤独。她养了一只小狗，也不足以填补她生活的空白。于是，每到周末，她越来越频繁地和热霍姆相聚在"他们的公寓"。

一种不可思议的巧合出现了。每个月，他们只有两到三个周末在一起。剩下的时间，艾莉斯有足够的自由，她甚至觉得寂寞。热霍姆呢，急于重新赢得艾莉斯，使出浑身解数让自己变得温柔体贴、魅力无限。"一切进展顺利。我们见面的机会不多，却反而让我们的生活充满了生气（床上也一样）。这段时间，我们关系最为亲密。"热霍姆不失时机地提出订婚的请求。艾莉斯接受了。残酷的悖论：他们之所以感情甜蜜，是因为他们少有时间相处。正因为如此，他们琴瑟和谐的阶段短暂且虚幻。但是，订婚仪式让一切都一锤定音。

艾莉斯很快就明白了这一切，订婚仪式的当天就明白了。

家庭因素

"订婚仪式气氛怪异，和往常一样，热霍姆的父母和哥哥都显得难以亲近。我觉得他们有点虚情假意。几个星期之后我才得知热霍姆深陷债务。""德纳第夫妇"解释说这是因为他们的儿子总是给我打电话，才产生了天价电话费。（"看，我成罪魁祸首了！"）事实上，热霍姆沉迷游戏，挥霍无度，花完存款就想其他的路子。"银行给他发出警告。有一次我去他家给花浇水，看到桌上有封银行的信件。我不明就里。热霍姆当时电话打不通，于是我就给他父母打电话。他们认为他胡乱花钱都是为了取悦我！他们已经接济他好几个月了。订婚仪式上他们什么都没跟我说。""德纳第夫妇"破天荒地对艾莉斯友好以待，让她和他们统一战线。"他们得知我财政独立，不是他们儿子经济赤字的罪魁祸首后，就请我主持大局，搬去和他一起住，然后让一切重回正轨。那天，我差点对他们下逐客令。我真该这样做！"

不幸的是，命运并没有放过她。因为，就在此时，她的工作情况急转直下，领导同事对她不似以前，她无法以工作情况为突破口，完成人生的晋级。她甚至考虑换工作。与此同时，她和热霍姆纠缠不清的关系，还有她的公婆，都使得她和老朋友日渐疏远。她不禁感到孤独无助、疲惫不堪。在这样的情况下，如何能说断就断呢？"年过二十五，已订婚，我马上就能拥有一直以来梦寐以求的生活（当真梦寐以求吗？），结婚生子，温馨幸福！我不能再一次承受失败，绝对不行！我真的非常在乎我的化名——'感情的胜利者'。我又错了，又一次错失了离开的机会。我跟自己说既然找不到更合适的人，为什么不能满足于已有的伴侣呢，毕竟，我也不是一个完美的妻子，凭什么奢望一个比热霍姆更好的丈夫呢？"很快，她就发现一切和谐都只是表象；她的内心被痛苦偷偷地啃噬，甚至连身体都受到了折磨：皮肤干瘪粗糙，严重损害了她的外表。"他知道，从此以后，我不能再另作他选，在某种程度上，我就是个任由他摆布的'东西'。尽管和热霍姆存在激烈的争吵，我还是选择原谅，和他住到了一起。我帮他交电费、水费等所有生活杂费。我们捆绑在了一起，我完了。现在，每当我看到那些被丈夫背叛，却仍不离婚，选择原谅的女性，就想到我和她们何其相似，同样那么愚蠢。几个月之后，我有了新的工作机会。如果这份工作早点出现的话，我肯定离开他了。"艾莉斯的确曾经和分手近在咫尺，然而天不遂人愿，万事俱备，独欠东风。

深夜

深夜。就在我刚看完艾莉斯长长的故事的时候，我收到了一封邮件：

考夫曼先生：

在这封信里我将结束我的故事。在我和公婆的电话交锋中，我忘记了补充一些内容。他们在电话里，为了为他们儿子的挥霍无度做辩护，细数了我的错误。他们的儿子在床上没有得到满足，因为我们的性生活次数不够，并且长时间得不到改善。我从未和我父母谈论过性，却从他们的口里听到"性在夫妻生活中占90%"的言论，我都蒙了！我觉得我的隐私受到了严重的侵犯，我的丈夫背叛了我。一想到公婆可能了解我们夫妻私密生活的频率（或许更令人难堪的内容），我简直忍无可忍。不论是何种情况，躺在床上的，已经不止我们两个了。这件事情，我永远不可能原谅他！

晚安！
艾莉斯

艾莉斯永远不能原谅的事情还有很多。因为"德纳第夫妇"就如同藏在他们儿子身后的大炮，出其不意地对艾莉斯发动进攻，突如其来，杀伤力巨大。他们毫无来由地想要诋毁艾莉斯，让她痛苦，甚至没有意识到有时候他们的打击对象不只她一个，而是他们夫妻两个，他们的儿子也间接地受到了伤害。艾莉斯还记得第二个宝宝的出生，她当时的疲惫和惶恐不安。"宝宝出生之后，他父母的举动让人憎恨不已，他们根本就没摆正自己的位置。我生二胎的时候，他们拒绝照顾我的大儿子。然后，他们自作主张地到了我家，待了二十四小时，一句话也不跟我说，甚至连招呼都不打。他们躺在沙发上，等着我们端茶递水……我和热霍姆都受够了。我都不知道当时是如何做到不发飙的。哦，是的，我当时对自己说：'老好人艾莉斯，这是你最后一次见到他们！'"然而，这当然不是最后一次见面，相反，艾莉斯会不停地和这对"德纳第夫妇"打交道。

孤立无援让陷阱深不可测

艾莉斯不只和丈夫剑拔弩张，而是和他整个家庭。艾莉斯的情况比较特殊，因为她的公婆对她充满恶意（我给他们取"德纳第"这个名字真是没错）。但是她的情况也极具代表性，无法摆脱的婚姻大多都有艾莉斯婚姻的特点。很多女性都说她们被慢慢孤立，切断了和老朋友的联系，尤其是和婚前的朋友。她们甚至和自己父母兄弟的关系都渐渐疏远。或者，她们的工作都不太顺心，无法从中获得自身价值的体现，以填补感情生活的苍白。当然了，莎拉说，这一切都不是偶然，而是精心安排的："可以这么说，我们几乎不出门，没有朋友，就像生活在真空中，他拒绝邀请我的朋友，拒绝和他们接触。"妮娜的描述更详细："最初，在他还偶尔开口跟我说几句话的时候，他就三句离不开批判我的朋友。她们来家里玩，我就会开怀大笑（多么幸福）。他无法忍受！他无法忍受我开心！他无法忍受我的姐姐，因为他觉得我姐姐并不认同他。他的感觉没错，如果我听从了我姐姐的建议，也不至于沦落到今天这个地步！不知不觉中，我被他切断了和父母、姐姐、朋友的联系，只剩自己一个人成天以泪洗面，噩梦缠身。"

克丽缇娜和贝奈蒂特的丈夫更可怕。他们巧舌如簧，八面玲珑，将他们的丈人丈母娘纳入统一战线！克丽缇娜回忆："和我在一起时，他不切实际，极端不靠谱，但是和别人却不这样。这五年里，他赢得了我父母的喜爱，还让他们觉得我是个需要别人把我'捧在手心里'的人。慢慢地，他切断了我和我所有家人朋友的联系。"贝奈蒂特试图和他离婚，却自知勇气不足。她觉得自己仿佛身处一个被敌人团团围住的简陋城堡，不堪一击："我不会离婚，因为我缺乏自信。同时，我也缺乏外界的支持：我知道我的父母肯定会第一个出来指责我。来自父母的压力让我害怕……正因为我没有足够的获胜的信心，我无法独自一人向他开战。"

这些夫妻生活的片段黯淡沉闷，我非常清楚，但是我收到的故事都非常沉重，我必须如实呈现。有时候，正常生活的表象下隐藏的是无尽的痛苦。我考虑过不要把塔伊卡的故事写出来。她的故事充满悲伤,深深地陷进了可怕的陷阱之中。但是我没有这个权力:她的故事充分地展现了家庭在陷阱中的重要作用,有时甚至比丈夫更关键。

塔伊卡丈夫的第一任妻子死了。她的丈夫却迟迟不能完全忘记她。来自第一任妻子父母的压力,使得他把自己的女儿困在凄惨的过去,永无宁日。塔伊卡没有遭受家暴,她的丈夫甚至非常温柔体贴。她爱他。和艾莉斯和妮娜比起来,塔伊卡甚至令人羡慕。但是她被困在漆黑的墓冢里,阴森可怖,暗无天日。下面是她自己的描述:"我的陷阱和我们的婚姻的特殊性紧密相连:如果我丈夫的第一任妻子没有去世的话,我们的婚姻就不存在了。每当我内心波动强烈的时候,我就需要进行长时间的心理建设。我丈夫的女儿和他的前妻很像(我从没见过他的前妻),她的外婆有种病态的心理,有意无意地照着她妈妈的样子来培养她。她的卧室就像是纪念她母亲的坟墓,我们花了好大工夫才有所改变。"为了化繁为简,我丈夫并不想切断他女儿和外公外婆的联系,但是近些年,外公外婆一直走不出失女的悲痛,反而把他们的外孙女(现在已经是少女了,敏感脆弱)当作'和解的物件'(心理学治疗手段)。为了不让关于她母亲的记忆消散,她需要不停地妥协。她夹在我们和她外公外婆之间,左右为难。而她也是引发我和丈夫争吵的导火索。

"去世的前妻,现任妻子,他和前妻的女儿,我们自己的女儿,无法接受他再婚的外公外婆,并且还借由他们的外孙女来破坏我们的婚姻。他们的外孙女不是个坏姑娘,但是她却备受折磨，这一切都投射到我们的婚姻之中。我不是没有想过离开，但是陷阱已然成形：我们组建了家庭，我不想看着它四分五裂。"

床

当我发起这次调查的时候，正值上一本书稿完成，在床上。据我观察，床是一个特别能反映夫妻关系的地方。不少被访女性都曾说过，早上她们逃也似的离开床，就是为了和她们的丈夫保持距离。她们中也有些人"紧紧蜷缩"在床边，只为了避免和丈夫有任何的肢体接触。我在发出的调查问卷中，引用了这句话，它引发了不少回应。每个女性都有相同的经历。艾莉斯说："我们，那些紧紧蜷缩在床边的女性。"每个女性都有相同的经历，每个男性，有时候，也有同感，因为男性也不能幸免，正如加布里尔所言："我甚至会无助地咬床单，背朝妻子，没有勇气，也并没有真正地想要离婚。"然而，他的婚姻最终以离婚告终。但是，当他试着建立一段新的关系的时候，床上的经历会警告他这段关系可能走不远，尤其是当他的身体逃到床边的时候。"我看到我的身体想要逃。我觉得不管是男性还是女性，只要经历过婚姻里的困顿，都不会对床沿感到陌生！"

阴郁沉闷的婚姻里，夫妻双方一个朝东，一个朝西，渐行渐远，身体最为敏感，反映出所有变化。当然，沉默不语也很能说明问题。但是身体是最精准的情感指标。贝奈蒂特说：

"在家里，我们都会离对方远远的，以避免任何形式的身体接触。"萨拉说："他拒绝和我有任何接触，连走路都和我保持一米的距离。"这种相互的抗拒在无法回避的隐私共享空间里一触即发，杀伤力巨大。床上的冷战让玛丽昂意识到她和丈夫之间的关系已经出现了裂痕，无法修补："某一天，和他睡在同一张床上对我来说不再如同节日一般，不再令我欢欣不已。好多年里，每次要见到他，和他睡在一起，我就难掩激动。但是，突然有一天，这对我来说不再是一件愉快的事情。于是，不知不觉中，我们在床上已不像从前那样亲密，我渐渐远离他，蜷缩在床边。"

埃莲娜和她一样，很痛苦。精神上和肉体上都承受着痛苦：很显然，总是蜷缩在床边并不是一个舒适的姿势。"为什么总是身体右边酸痛不已？因为你只能蜷缩着朝右睡。我们同床异梦已经快一年了。我们的生活不再亲密无间，我们不再一起谈论将来，我们之间的默契荡然无存。我已经连他的气味都无法忍受了，为什么我还要每晚蜷缩在床的右边？"

男性和女性

在日常生活的点点滴滴中，在餐桌上，在洗澡间里，夫妻关系中一方对另一方的热情慢慢退去。尤其是在床上，那不仅是休息的地方，更是滋养爱情的地方。关于"床"，我们发现男性和女性之间存在明显的差别。性学研究表明绝大多数男性能够将"性"和"爱"分开，而女性却很难做到。即使床上的亲密举动能拉近夫妻的关系，但是女性只有在爱这个男人的前提下才能体验到快乐。因此，对于女性而言，身体的疏远其实是欲望下降的反映。欲望下降正是夫妻关系疏远的一个指标。当热霍姆表示他想"亲亲"的时候，艾莉斯知道他是什么意思，她明确地拒绝了。"我不想让他'亲'我。我们已经六个月没有做爱了，并且我希望永远都不需要再和他做这件事情。在床上，我们一人睡一边，尤其是我，完全是蜷缩在床边。"她从公公婆婆家回来后，欲望就突然下降。没过多久，她就意识到，这其实反映了很多问题。

床是会说话的。以前，约瑟芬爱她的丈夫，而他也宣称爱她。但她却感到阴郁沉闷的夫妻关系正在耗尽她的热情："我的丈夫对我非常不友好。他不会赞美我，从不会夸我美丽，而是不停地指责我。电脑就是他的避风港。慢慢地，我们之间变得越来越糟。"白天，他们还能够和平相处，夫妻感情的消逝似乎并不明显；但是，在床上，一切尽显。"白天，我是爱他的，但是，晚上，不爱。我们从不一起上床，从不一起起床。一旦感觉到他的身体离我太近，我就像受到了侵犯，然后就尽可能地蜷缩在床边。"

我非常感谢热拉尔把他的故事发给我，非常有意义。因为这一章完全站在女性的角度（尤其是下面要讲述的故事），很容易让人觉得所有男性都是粗鲁不堪的，不可理喻又自私自利。必须要清楚一点，事实上，这个问题源自夫妻关系本身。而夫妻关系越来越难经营，相互理解越来越难。热拉尔从另一个角度描述了床上的相处："尽管婚姻生活变得灰暗，我对我们之间的爱情仍深信不疑。当我们的大女儿降临的时候，我们是那么幸福。接下来的几个月，妻子的注意力完全在女儿身上，忽略了我们的夫妻关系，我一点也不担心。我们之间不再有身体交流。这让我不太适应，但是我还是接受了。我知道我们成为父母，并且这需要一段或长或短的时间来适应。我的孤独感应该会随着时间慢慢减弱，美好的日子总会回来……我爱我的妻子，于是我跟自己说要保持关心、耐心的态度，尤其要参与到日常家务、亲子育儿等的方方面面。我也决心接受（尽管我有我自己的欲望）我们的床不再是原来的亲热小窝，控制自己不要强迫妻子进行'床上运动'。床上的一切都变了，为了将最好的我呈现出来（肯定是笨手笨脚的），我精疲力竭，结果，我却看到我们的关系亲密不再。我满心期待我们正常关系的回归。每晚最难受的就是硬生生地掐灭欲望之火。日复一日，年复一年，我期盼着妻子的'回归'。关于性爱缺乏给我造成的痛苦，我和妻子谈过几次。每次，她都让我再耐心等待。每晚，我都背对着她睡觉，不是为了逃避她，而是为了不让她难受。因为每次我靠近她，我都感到她拒我于千里之外。我们仅有的几次性爱，高潮过后，我都陷入深深的羞愧之中。即使到最后，我累得睡着了，也无法拥有一个平静安宁的睡眠，我被一种令人窒息的愤怒淹没。"

不为人知的强奸

下面的这个故事能让我们清楚地看到很多男人并不能像热拉尔那样把控住自己,比如伊芙琳娜的丈夫。当她的丈夫第一次不经过她的允许就强行和她发生关系时,她就悄悄下定决心以后一定要离开他。不为人知又不易察觉的侵犯。当我告诉妮娜未经她允许的性行为即为婚内强奸时,她惊讶不已。她描述了她消极抵抗的不同阶段。起初,她蜷缩在床边,假装熟睡。之后,当感觉到他逼近时,她抓着床沿,一动不动。突然有一天,没有任何言语的交流,一切都结束了。奥利弗耶也退回到床的另一边;他们再也没有过性爱。

妮娜本该因此感到解脱。但是这个突如其来的转变令她非常费解,让她陷入了痛苦的猜测中:"这不可能,这肯定有什么原因,沉默先生当然没有给任何解释,但是肯定是有原因的。我觉得肯定是这个原因:他有外遇了。"妮娜冷冷地质问奥利弗耶,眼神直视对方。奥利弗耶什么都没说,直接给了她一耳光,妮娜哭成了泪人。事实上,妮娜宁愿她的丈夫背叛了她,至少她能得到一个解释,因为,有时候对她来说最可怕的是不知道发生了什么事情。她唯有将所有重心放在女儿身上。只有女儿才是她充满尖叫和泪水的生活的唯一希望,是她生活的唯一意义。

不少人曾跟我谈到过爱情背叛,言辞闪烁。对别人而言的致命打击,反而给了她们一种隐秘的希望,让她们有机会看清现实,逃离婚姻。只有在言之凿凿的借口面前,她们才会在无尽的等待和猜疑之后，下定决心，付诸行动。她们甚至会怀疑命运是不是特意安排了这一幕：拒丈夫于千里之外，以求其背叛自己。"我生活在他的侮辱、蔑视和嫉妒的尖叫中。没有被爱的感觉，我无法将自己'给'他。好几年了，我不同意和他发生关系，我非常抗拒。我猜他是无法忍受我这种态度才最终决定要离开。"他有了外遇，和她同居了。不久，他又回心转意，想要和卡琳娜重归于好："他来找过我几回，我态度坚决，每次都拒绝了他。"但是整个过程实施起来并不简单。伊芙琳娜忍气吞声了五年。从严格意义上讲，她的丈夫并没有对她"不忠"，但是却也令她非常难受。她的丈夫在家里总是一副令人生厌、寡言少语的面孔。他却总带她去舞厅，那里都是跳舞作乐的女人。而他摇身一变，成了魅力无限的幽默绅士，而她只能冷眼旁观。"流连舞厅让他的本性暴露无遗。他享受着那些单身女人的包围、奉承和吹捧。五年了，我一直忍受着每星期两次的舞厅玩乐，外加星期天下午的茶会。"

为了离婚的婚外情

凯西选择颠覆传统：不再等待被背叛，而是主动出轨（就如同艾莉斯的"塞子情人"），让自己走投无路，不得不离婚，寄希望于欲望的冲动和浪漫的幻想来挣脱依恋式爱情的枷锁。然而，她的行动失败了。她的确为自己找到了一段婚外情，但却不足以让她下定决心离婚："我的婚外情持续了一年，他最后也知道了。我当时想一走了之，可是最后我们还是没有分开。此后,唯一的变化,是他动不动就暴跳如雷。他从没打过我,除了他得知我有外遇的那天晚上。但是,让我更害怕的,不是他的拳头,而是他的愤怒。"伊莲娜比她好不了多少。伊莲娜也出轨了,走马灯似的换情人,好让自己面对后果,最终离婚。"有一段时间,这种双重生活让我继续自欺欺人(鸵鸟政策)。近两年,我无法再伪装。很有可能是因为这种精疲力竭的生活状态,我发生了一次工伤。终于,我把秘密向丈夫和盘托出。我已经联系了律师和银行,采取相关措施,并对家人宣布了要结束二十三年婚姻的决定。可是,然后就没有了然后了……一切就像没发生过一样。我的丈夫就这样一直等着,坐在那个早就该换了的沙发上面,等待。住在同一个屋檐下,却广而告之所有人我们离婚了。这的确是个一团乱麻的情况。"

为什么离婚如此之难?为什么就算有相互间的情感背叛,就算大声又干脆地宣布了离婚的决定,还是无法离婚?伊莲娜问自己,试图找出答案,却毫无头绪,不可名状。"不行,我不能!这是我的第一反应。我已无后路可退,但却还没能够从这个本可以温馨快乐的家中走出来。于是,我继续坚持。坚守这个家,继续扮演我的角色。"

无法实现的离婚

不惜一切代价,坚持到底,不顾一切,为了证明之前的决定是正确的,为了不要出尔反尔。坚持,出于盲目的责任感的坚持。而盲目的责任感,和爱情的承诺是多么相近!不管是顺境还是逆境,都要继续相爱。艾莉斯回忆起小时候接受的关于牺牲的教育:"我不自觉地将父亲常对我说的话带入了我的生活。他说:'我完成了我的责任,然后再出去玩。'"但是,坚持,同时也是排除万难,不轻言放弃,不被生活的鸡零狗碎打垮。被困在婚姻陷阱里的女性往往将"坚持"的底线一推再推,变成了自我牺牲,变成了困在死胡同里不肯离开,变成了基督徒式的受难。坚持,更是试图维持别人眼中的婚姻关系。坚持,期待明天会更好,而明天只是一个空洞的臆想。

"生活的裹挟。"在另一个调查中,伊瑞丝如是说。她生活得并不快乐,她甚至公开对特里斯坦说她不爱他。但是离婚意味着一个无法回头的决定,一堆无休止的痛苦解释,还有将原有的生活推翻重来,日复一日地重复昨天的日子显然更加简单。离婚需要勇气、精力和决心。离婚会扰乱原本的生活路径。随着婚姻死去的不仅是曾经相爱的那一对伴侣,还有那个为爱投入的自己,之后才有可能在新的身份中涅槃。这个新的身份是什么?没有人知道。生活的点点滴滴如雪球般越滚越大,"生活的裹挟",伊瑞丝说得多好。何谓"生活的裹挟"?这个说法很有说服力,却又很难定义。很多人都想要弄清它到底是什么,却徒劳无功。"到底是什么让我低头弯腰地生活了这么多年?"米莉耶自己问自己。其他人也尝试着从各个不同的方面找寻婚姻陷阱形成的原因。听听热赫热特的说法:

"在生活的方方面面,他的被动让我身心俱疲,性生活也如此……

"但是我没有离婚。为什么？多难回答的问题！！

"为什么我们还在一起？为什么我没有离开？为什么我还没有离婚？

"我经常问自己，有时问得频繁，有时稍得片刻喘息……

"我仍在寻找答案，到处寻找答案。

"某种源自犹太教教育的责任？一旦结婚，就是一辈子，不论顺境逆境……

"囿于别人的眼光……

"不能抛弃生病的另一半。

"子女的看法和疑惑……

"担忧……但是到底担忧什么？

"确信凡事，即使是最坏的情况，都有其好的一面；

"确信好日子终将来临；

"确信婚姻生活中，人是多面的，生活也是多面的。"

所有这些都混杂在一起，很难将它们一一区分开来。婚姻陷阱是一个纠缠不清的存在，这是它的特点。无从下手。纠缠不清，很多人都用这个词来描述它。"我就这样卷进了婚姻陷阱里，每天陷得更深。"克丽缇娜对她的婚姻充满了后悔，因为红线早已被越过：她遭受了言语羞辱和肢体暴力，她连杀人的念头都有了。然而，她还是继续困在婚姻里。

宁死也不离开

有人甚至承认曾动过自杀的念头,却从没想过离婚。婚姻陷阱的特点:纠缠不清和毫无头绪变得更加清晰可见。困在婚姻陷阱里的女性完全不知该如何面对困局,甚至觉得结束自己的生命比摔门而出更容易!丹尝试过自杀:"有一段时间,我想结束这一切。我看不到出路。于是,我开着车,四处乱开,踩死油门。我默念:这很简单,就现在吧!"萨拉也有这些消极的想法,甚至当她给我写邮件时,这些念头也一直盘踞在她的脑海("我想要消失")。因为有孩子,这个念头被压制住了。

死亡是终极手段,或者,幻想。卡特琳娜解释:生活里不只有现实,还有想象。有时,想象甚至比现实更真切。想象的眼镜能让处处是灰黑色的现实变得色彩缤纷。"我将完美男人的形象投射在他身上。而事实上,生活中他一如既往地缺席,不成熟,透明人一般。是这个完美男人的影像将我留在婚姻里,因为我不在现实中,即使我还是会因他的冷漠而伤心哭泣。我的想象比现实更真实,我寄生于这个想象之中。"零星的幻想就能让人对现实视而不见,满足于鸵鸟政策。都说爱情是盲目的。很多困在婚姻陷阱里的女性依然爱着自己的丈夫,即使可怕的现实早该让她们变得清醒。当爱情已逝,荡然无存的时候,当充满幻想的明天破灭的时候,她们还是选择将离婚一推再推。罗丝始终下不了决心。她在博客上读到萨拉的故事时,她对萨拉说:换作是她,在这么极端的情况下,早就毫不犹豫地离开了。然而，在现实中，这些决心都脆弱不堪。因为，她们的故事中充满了这样那样的决心和计划，最终都没有实现。艾莉斯今天显得十分坚决："我给了自己两年的时间，等到我女儿上学的那天（就离婚）。"但是，过去这种空头支票她早就不知道开过多少次了。

没有实现的诺言

妮娜忍受着这些没有实现的诺言带来的煎熬："当我对自己说这一次一定要离开，具体到时间和地点。我对自己充满信心，兴奋不已。但是过了几天，我就不再那么信心十足。我变成了第一个想要忘记这个决心的人。当那天来临的时候，我甚至都浑然不知。我已经数不清自己下过多少次决心，它们来也匆匆、去也匆匆。"设定的时间期限通常都与孩子年龄相关。塞弗里勒就是一个典型："我对自己说等孩子大了，等他们不会受离婚影响了，就离婚。"当她们的婚姻变得越来越难以忍受时，艾莉斯和妮娜被迫将自己的忍耐极限一降再降。最初，妮娜打算在女儿三岁时离婚。女儿三岁生日那天，什么都没有发生。"三岁，太小了。"于是，她又为自己设了一个期限：五岁。现在，她的女儿刚过五岁，而妮娜仍然没有离婚。她也不知道该不该再为自己设定一个新的期限。

"我想离开。如果没有儿子的话，我肯定早就走了。儿子是我的全部。"达芙妮的控诉与其他女性的顾虑如出一辙：孩子把这个婚姻陷阱封得死死的。为了不让孩子的生活产生巨大的波动，任何争执冲突或家庭风波都变得不可能。更何况，孩子变成了生活的中心，夫妻关系也因此边缘化。丈夫的拳打脚踢时刻提醒着桑迪丈夫的存在，但是这一切都让她更加以孩子为依靠。"情况越来越糟糕……从第一个巴掌到第一拳……越来越恶毒的侮辱，掐脖子……但是，尽管我心怀怨恨，却没有勇气离开……我的孩子们，他们值得我忍受所有的痛苦。"路尼亚的故事里讲述了每当她产生离开的念头时，她的伴侣/敌人如何利用这个敏感的情感纽带，对她大声恐吓。妮娜也是此类勒索的受害者："他对我说，如果我离开，他将与我势不两立，而这对孩子们来说将是一场灾难。孩子成了他牵制我的人质。"

为了孩子，牺牲自己

其实，我们应该问自己一个问题：有时候（仅仅是有时候），孩子是不是一个太轻便的借口？现在，丹的女儿几乎要指责她为何不早点离婚！"我五十六岁了，一年半前终于离了婚。我花了好多年才实现了这个决定。借口：孩子。错误，大错特错。我的女儿最近跟我说：看到你生活得痛苦，我也跟着痛苦；现在，你总算释放了自己，我也跟着开心了起来。"

当然，当孩子小的时候，我们的确难以做出离婚的决定。孩子影响了离婚的实现。和其他问题一样，更大的困难是物质上的：缺乏经济来源或者住房问题的牵制。这两个问题的确要考虑在内。无法实现的离婚通常有两大原因：毫无出路的婚姻陷阱（各种纷繁复杂因素的交织掺杂）和无法回避的经济困难（资金、住房）。当然，不能让经济问题喧宾夺主地掩盖问题的全面性。但是，相反，有时候，离婚可望而不可即，正是因为没有能够让我们离开的经济支持。一旦涉及经济困难，婚姻陷阱就变得加倍可怕，难以逃脱。当然，中产阶级家庭中也有饱受婚姻之苦的女性下不了离婚的决心。有时甚至是因为对舒适生活的贪恋，如阿莱克桑德拉："我们之间不再有任何言语交流，就如同生活在一起的两个陌生人。我们视对方为空气，却不会发生任何争执。没有暴力，没有敌意。因为我的丈夫收入颇丰，我无法想象离开他之后如何靠自己微薄的工资生活。所以，我没有离开。"阿莱克桑德拉的情况并不是一个封闭的婚姻陷阱，因为在爱情和舒适之间，她有选择的可能性。很多女性并没有这样的运气。

逃离需要资本

伊瑞丝无法逃离，因为她仅有微薄的工资。而她那失业已久的丈夫，终日陷于沉默，不照料孩子，每天早出晚归，谁也不知道他去哪了。她除了和家人挤在逼仄的住处之外，别无他选："磨到最后，人的自信会丧尽，会不知所措。于是，只能待在原地，困在家庭里。"拉哈对未来充满了焦虑，她无法想象离婚后的生活，"因为我害怕生活得越来越窘迫，害怕失去现在仅有的一点物质上的宽裕。"艾莉斯和妮娜的处境没有那么糟糕，但是要过上离婚后经济独立的生活，还是颇为勉强。艾莉斯总在盘算。她花了不少时间计算离婚后的各项支出，她用铅笔不停地写呀画呀，却发现总是会入不敷出。妮娜甚至不敢想象离婚后如何靠她的收入养育好女儿。于是，她买彩票。"每次买彩票，我都目标明确。一旦中奖，我将毫不犹豫地离婚。"有些女性曾提到希望得到一笔从天而降的钱，将她们从婚姻中解放出来。不少女性对我袒露心声，为了不让她们尴尬，在此隐去姓名：她们期待（甚至迫不及待）一个亲人的死亡，以便继承一笔不算丰厚的遗产。有些人可能与父母的关系本来就不好，这种想法对她们来说并不造成什么道德上的负担。而其他人则非常爱她们的亲人。她们的内心充满了负罪感和耻辱感，可这些都无法让她们不在内心深处偷偷地期待这个死亡。唯有这样，她们才能从婚姻陷阱中解脱。

还有不少人谈到了她们的工作。这是她们独立自主的根基。通常，离婚的计划和工作的稳定是相辅相成的。当工作无法提供安全感时，离婚也会被遗忘。玛格莉说："我的工作不稳定，每月工资八百欧元。没人愿意租给我房子。我只能和他生活在一起。"而当工作状况有所改善时，离婚便水到渠成。热拉尔的妻子就是在升职后和他离婚的。艾莉斯也是在得到一份稳定工作后开始认真计划她的离婚策略的。"我还记得我获得这份工作时的情景。那是我生命中最美好的时刻之一！我的价值总算得到了认可！我总算靠自己的实力实现了一个目标！多么开心！"除了经济问题之外，一份稳定且为人认可的工作对于自信的建立也尤为重要。没有自信，离婚几乎不可能。如果运气够好的话，职场也可以成为一个结交朋友，获取信心和慰藉的地方。米拉尔说:"对我来说,有种感觉无法描绘,不知该如何表达。星期五对我而言简直就是地狱,因为接下来要面对漫长的周末。而周一好比天堂。我喜欢办公室,那里有我的同事。他们风趣幽默、真诚热心,如同家人一般。当然我们也并不亲密如爱人。(不能太不切实际!)为什么家里的氛围还比不上办公室呢?"

住房问题也是离婚后独立自主的一个绊脚石。然而,在大城市里,并不是所有人都有能力租房(甚至是买房)。伊萨贝尔在艰难地下定了离婚的决心之后,开始在巴黎寻找住处。然而,她接洽了五十所公寓,无一例外地,她都被中介公司羞辱一番(尽管她提供了工资条和父亲的担保)。最后,她不得不重回原来的住处,和前夫继续住在同一屋檐下。妮娜和艾莉斯同样也害怕找不到住处,尽管在她们的城市里租金比巴黎便宜。对伊瑞丝而言(另一个伊瑞丝),情况更糟:"婚姻里的一切已经忍无可忍,但是,我,一个独立的女性,却还是待在婚姻里。我无处可去。"她也四处寻找过房子,可是,没有工资条,没有担保,被拒是毫无疑问的。"有人可能会说我以这些困难做借口。我完全可以容忍这些说法,但是我不赞同……上一个假期,我总想着拎个背包,提腿就走,走得远远的。但是,我舍不得离开我的两个儿子。"孩子的存在也让她无法离开。"我知道,两年后(那时,他们已经完成学业,长大成人),我将离开。"决定了,她将离开。"我将离开,我将重新开始我自己的人生。那个时候,我才能自由地呼吸……我的内心深处传递给我一份坚定:这种浑浑噩噩的生活不会持久，全新的生活在等着我！我才只有四十五岁！！！"两年后，她将离婚，背个背包，远行。

舍弃舒适的生活

假如伊萨贝尔、伊瑞丝、艾莉斯还有妮娜看到下面的故事，她们肯定会惊讶地失声大叫，充满不解。但是，我不能因此而跳过弗朗西斯卡和凯西的故事。有时候，房子是一个无法逾越的障碍；有时候，婚姻的陷阱远比一个住房问题要复杂得多。事实上，只要弗朗西斯卡真的想要离婚，她是有条件实现的（她继承了一个小公寓）。但是，离婚意味着对现在的舒适生活说再见，意味着和她现有的一切说再见。而她对这些都充满了依恋和不舍："有时，我对自己说不能再拖拖拉拉了，要毫不犹豫地离开这一切……这样才能找回真正的自由。但是，我做不到……原因有很多。经济问题是原因之一，我的工资很少，以后的退休金也可怜巴巴，和他在一起，我们的生活能过得更体面一些。现在的房子是我们用积攒多年的钱一起买的……我几乎将一生都已经规划好了！"

凯西的情况更糟。她每个月付租金，可是却不在那个房子里住！"情况变得无法忍受。四年前，我租了一个公寓。现在，我仍旧付租金，可是却不住在里面。是的，四年了，我仍没有下定决心离婚。提笔写下这些都让我觉得不好意思：那么多女性因为经济的原因无法离婚。而我呢，我没有离婚，却租了一个自己不去住的房子。为什么？为了不让女儿受到伤害？这当然是一部分原因。我不能忍受女儿遭罪。她现在那么开心那么无忧无虑。但是，内心深处，我知道这不是真正的原因。因为我爱他？不，我对他无爱可言。他出轨了。而我完全不觉得伤心。六个月前，他让我离开这个家，因为他无法忍受我花钱租了一个公寓却不去住。他说：'你简直就是糟蹋钱！这是无法容忍的！'之后，他再也没有提过这个事情……而我也不再提。我就继续生活在这个怪异的气氛中。每当周末来临，就会紧张不安。我会幻想该如何装饰那个租的公寓，可是……我什么都没做。我们之间毫无温情可言，零温柔、零交流、零性爱。但是，我还是继续和他一起生活。离婚意味着打开一扇新的门，门外面，将是一片未知的空白。这个空白让我恐惧。是另一种生活？我全然不知该如何构建这个新的生活。这看起来如此荒唐。因为我从来都是一个独立自主的人，没什么事情能让我害怕。我开朗，外向，爱分享、爱旅行……但是，和女儿单独生活（很可能是联合监护）却让我充满忧伤。于是，每到夜里，我就紧贴着床沿，奢望得到片刻安宁。有一天我会离开吗？每天我都会问自己，可每天来自心底的答案都不同。如果回答是肯定的，我就充满了活力和勇气。一旦回答是否定的，我就陷入无尽的困顿。但是，当我们的关系紧张到随时都会爆发的时候，我就变得惶惶不可终日。最难得的时候是我暂时忘却这个可怕的问题的时候。衷心感谢您的阅读。"

婚姻陷阱形成的原因往往没有任何原因可以解释。

心里的某个角落

离婚的想法藏在心里的某个角落。有时,这个想法由来已久,甚至始于相识。艾莉斯后悔那些错过的离婚时机:"从和他相识起,离开的想法就没有停止过。但是我总是患得患失:万一我找不到其他人怎么办?万一以后没有人爱我怎么办?万一我没有孩子怎么办?总之,因为各种担惊害怕,我保持了和他的关系。"之后,每当她重燃离开的想法时,婚姻陷阱却越来越深(孩子的出生,来自公婆的压力),让她无法离开。很多人都提到了这一对变化:一方面,离婚的诉求越来越清晰;另一方面,离婚变得越来越不可能。徘徊在这一对矛盾之间,和很多人一样,艾莉斯不知如何是好:是该努力接受现实还是开创新的生活呢?当艾莉斯和热霍姆看房子的时候,热霍姆强势地让艾莉斯接受了他的选择。艾莉斯一点都不喜欢那个房子(阴暗且离上班地方遥远),但是她将注意力放到了院子里的樱桃树上。是这些樱桃树,一个无足轻重的细节,让她暂时忘了那个阴郁的房子,让他们夫妻之间达成了一致。现在,她想换车,热霍姆建议她买一辆两厢城市小越野。艾莉斯拒绝了:她想要的是一个宽大的家用车,没有讨论的余地。因为她已经在为离婚后的新生活做打算了。以后,她将和孩子们一起生活,所以必须考虑到以后生活中的一切具体困难。

每个人在生活中其实不止一个身份。问题在于内心对新生活的梦想是否强烈,是否真实,是否能够实现。只有这样,才能身在现实,心在别处。加布里耶尔就无法做到。她越来越抽离于现实生活，但是却对自己想要的生活没有任何构想。"日常生活变得压抑不堪，家庭生活沉重难熬。我们之间不再有轻松自在，仅剩指责和痛苦。如此这般渐渐沉沦，让人无法看清现实，无法做出正确的决定，无法面对未来。"

妮娜也深陷这个纠缠不清的泥潭，生活一潭死水，日复一日被抑郁的乏味生活所吞噬。于是，她开始幻想走出婚姻，开始给自己定下期限，开始买彩票，期待中奖后的全新生活。我问她在两种生活中穿梭累不累：时而生活在现实中，试图将其变得更加积极；时而生活在想象中，想象未来多姿多彩的生活。她回答："不累。相反，这能帮助我面对现实的生活。因为，我幻想自己是在扮演一个角色，抽离了现实，我所说的话、所做的事，对我而言都没有任何意义。现实生活不再能够伤害到我，或者说，对我的伤害小了很多。甚至当他歇斯底里地叫喊的时候，我就站到远处，冷眼旁观他疯狂地捶打桌子。我崩溃大哭的次数也少了很多。因为，在我的内心深处，支撑我的，是我对未来生活的幻想。我越来越迷恋这个幻想中的新生活。"

对于伊莲娜，我也问了同样的问题。她也给出了类似的回答："嗯，的确非常矛盾……因为，当然了，这种'时刻准备着'的状态对我，对周围的人（尤其是孩子们）都很累。但同时，它又给我一定的慰藉。我知道我自己已经准备好离开了，有勇气把它表达出来对我而言也是一种解脱。我正等待一个时机，让我把这个想法变成现实。我完全清楚这个时机不应该倚赖于外界的因素（尽管我非常期待这样一个因素），而应该来自我自己。"

时机

时机！很多女性都提到了这个著名的时机。婚姻的陷阱那么纠缠难解，以至于就算深陷其中，受尽折磨，也无法下定决心离开。于是，我们需要一个时机。一次非同寻常的争吵，一场疾病，一个死亡，一次搬家。我们需要一个时机，或者，许多时机。因为这些时机显得必不可少，迈向解放的每个阶段都需要它们：首先，真心渴望得到解脱并开始计划离婚；然后，将离婚的想法说出来；最后，实现它。可惜的是，实现这些不同阶段的时机可能会经过多年的等待才会出现。尽管玛丽昂和丈夫之间气氛紧张，爱意荡然无存，她始终无法采取行动："上床睡觉的时候是最难熬的时刻。零交流，不管是言语还是肢体。每一夜都剑拔弩张，无法入眠，清早起床，浑身酸痛。后来，2013年，一个亲近好友突然离世，毫无征兆。我彻底清醒。悲伤的多米诺骨牌震彻了我，加之工作上的精疲力竭，我思考了三个月，重新审视我的人生。一次彻底的洗牌。"我们不能放弃寻找幸福的权利。顿时，玛丽昂下定决心要分开。

艾莉斯的时机更加愉快一些：没有朋友的逝去，只是一个简单的脸颊吻。当然，也不是一个陌生人的亲吻。一直以来，她都将自己的痛苦遭遇深藏在心里，以至于她满脑子都是阴郁消沉的想法。"突然有一天，在去上班的路上，我碰到了一个原来的朋友。我们以前关系比较密切。他见到我非常高兴。我们说着话,他就在我的脸颊上来了一个热情的亲吻。后来,到了办公室,坐到电脑桌前,我的双腿都仍在颤抖,亦无心思处理早已点开的文件夹。这个朋友之间纯洁的亲吻让我重新感受到了这么多年的婚姻生活中不曾有的温柔和温情。突然间,脚下的大地仿佛都颤抖了。就是这一刻,我顿悟了!以后一切都将不复从前。我意识到这些年来,在婚姻生活中,我一直是一只自欺欺人的鸵鸟;我意识到每个夜里我都幻想有个能将我从死气沉沉的婚姻生活中拯救出来的男人。有时我幻想自己是寡妇,这要简单得多。当然,事不遂人愿。这种想法很邪恶也很可怕,但是我实在是无法接受自己离婚,于是,寡妇的幻想于我而言更容易接受,也不会让自己有罪恶感。"

艾莉斯一直都期待着外界能赐予她一个下定决心离婚的时机,悲伤的时机也好,几乎无法实现的时机也好,她一直等待着。正因为她的等待,正因为她时刻捕捉着外界的信息,旧时好友一个随意的亲吻便唤醒了她心底隐藏已久的对新生活的渴求,也证实了她其实也是一个迷人的女人。这一秒钟足以让她重拾自信,让她重新审视她现在地狱般的生活,让她看到生活温柔的本来面目。

伊莲娜直接跳过了脸颊吻的小把戏。她频繁变换情人,希望丈夫忍无可忍,提出离婚。可是,任何实质性的变化都没有发生:"我已经站到了牢笼的边缘,大门已经打开……我正在倒数,马上就要冲出藩篱。"显然,伊莲娜还需要第二个时机,才能最终获得自由。

情感绑架

决定权有时候其实在自己手上：伊莲娜的牢笼已经打开，她自己却不愿走出去。决定权有时候又与外界紧密相连，受限于经济和物质因素。有时候甚至与配偶的态度有关。有的丈夫在婚姻中一直沉默不语，如行尸走肉一般。可一旦被提出离婚，便一哭二闹三上吊，威逼利诱轮番轰炸。莫德的丈夫极具创意，他绝食抗议，还瘦了二十公斤。她害怕出问题，于是不得不回到了他身边。贝奈蒂特的丈夫采用的手段则更传统，却更具攻击性："他威胁将孩子从我身边夺走，威胁让我净身出户，威胁在我爸妈面前诋毁我。于是，我偃旗息鼓，硬生生地打消了这个念头，只知道往嘴巴里塞巧克力，仿佛要填满内心的空虚。"

多米蒂耶试过离婚："五年前，我想离婚。当时，我们还只有一个孩子，没有房产。但是，我还是放弃了，因为生活仿佛变成了地狱：他半夜叫醒我，跪在地上求我，打电话到我办公室，他不吃也不睡。他爸爸知道了我们的事，给了我们俩一大笔钱，希望能建所房子，以此挽救我们的婚姻。可惜的是，房子越发让我们困在婚姻里。然后，第二个孩子出生了。"现在，她下定了决心，离婚。她发誓不会回头："现在，最棘手的事情是他拒绝离婚。他坚持要继续，为了让我回心转意，他用尽各种方法：骚扰纠缠、以死威胁、威逼利诱，甚至不惜牺牲孩子。"

有时候，暴力会凸显出来，不少女性的故事里也提到了。

但是，大多数时候，婚姻陷阱都是纠缠不清又毫无头绪的。因为，这些正是婚姻陷阱最大的特点。丈夫的威胁并不总是清晰明了的，有时反而是隐性的、变化的，尤其当这些威胁并无第二种宣泄的途径。莫德是所有女性中第一个承认丈夫情感缺陷的人，她的丈夫，以绝食相威胁的丈夫，出生后就没有母亲的关爱，童年非常不幸。他无法离开莫德。如果这个离不开你的男人却无法让你幸福，如果你痛苦的婚姻生活只有一副铁石心肠才能够让你下定决心结束时，婚姻陷阱将变得更加可怕。很多人都不具备这副铁石心肠。有些女性温柔悲悯，根本无法挣脱婚姻的枷锁。维叶莱特无法走出困局。当她年轻的时候，和丈夫二十五岁的差距对她来说并不是任何问题。但如今，他变成了一个"小老头"，让她走在大街上觉得难堪："只要我稍微动一下离开他的心思，他仿佛就能觉察出来，然后变得异常温柔又黏人，像只可怜的小狗。他这样很让人于心不忍，同时又难以忍受。但是，我没办法看他遭受痛苦，于是，我和他仍然生活在一起。"

史黛芬妮也不愿让她丈夫难受，更何况他是一个十分温和殷勤的人。看了那么多隐形丈夫和暴力丈夫的故事之后，她有什么可抱怨的？她的亲友也百般不解。然而，她也有窒息的感觉。她的婚姻陷阱里，让她无处躲藏的不是冷漠，不是恶毒，而是满满的爱意，满得溢出来的爱。史黛芬妮是爱意爆棚的婚姻的受害者！"我和他初次见面时，只是普通朋友。当时他已经和另外一个女生到了谈婚论嫁的阶段（买房生娃）。但是，这次见面之后，他便离开了那个女生，因为他爱上了我。之后，我们慢慢走到了一起。你侬我侬的热恋阶段过去之后，我立刻被窒息的感觉包裹：身体上如此（无法单独洗澡，看电视的时候他会像抚摸小猫一样抚摸我的头发），精神上亦然（他总是不停地说我就是他一直寻找的女人，我是最美的女人，我遥不可及，完美无瑕。其实我并不是）。总之，我开始害怕和他单独过周末（孩子们会去我前夫家）……我待在车里被恐慌吞噬，不想回家……我为什么跟您讲这些事情？因为离开他，我会有罪恶感。他为了我，放弃了所有。他对我付出了如此多的爱！他说他没有一秒钟能够离开我！因为我的家人和朋友一直都说我是撞了大运才碰到一个如此爱我又无可挑剔的男人（大家都觉得是他帮我抚平了可怕的前夫带给我的伤痛）。总之，这于我而言，就是一个令人窒息的陷阱。"

很多女性都谈到过害怕让另一半受到伤害。那是自己曾经爱过的人，那个人也经受着煎熬。害怕！一旦认真地开始考虑离婚，害怕的感觉就如影随形，无法描述，却又无处可逃。害怕离婚后出现经济困难，害怕会活得艰辛困难。同样也害怕孩子会受到伤害。害怕面对未知的生活，陷入迷茫，害怕重建新生活时的手足无措。害怕对外界做出复杂的解释，害怕可怕的斗争。阿琳娜甚至悄悄列出了让她害怕的事情的清单："我想到什么，就写了下来：

——我已经有过一次失败的婚姻，难道我还要失败第二次？我已经四十岁了！

——我害怕离婚后一个人负担孩子们。我无法为他们提供和现在一样的生活条件，无法给他们漂亮的带花园的房子……

——一切归零，从零开始，我已没有精力。

——害怕离婚后的我比现在更加痛苦！

害怕孤独。两个人的折磨是一种痛苦，但谁敢说一个人的生活就不会是另一种痛苦？约伊害怕未来，她没有工作，一直把孩子当作自己摇摆不定的借口。现在，孩子们要离开家了，她才意识到根本原因并不是孩子："事实上，我知道我没有离开的勇气。"毋庸置疑，她现在特别孤独。"孤独，无尽的孤独，无尽的忧伤。"但是，谁能保证五十四岁的她能遇到另一个男人？"我渴求爱情，饱满的爱情，温柔的爱抚和关爱的眼神。"况且，遇到一个男人是远远不够的，还需要他们之间的爱情故事是美好的，而这是无法保证的。

娜塔莉放弃了所有，她的工作，她熟悉的城市，她的孩子们，"为了能够和她爱的男人朝夕相处，他曾许诺和她共历人生甘苦"。一个多么浪漫迷人的美梦。一转眼，就变成了噩梦，王子突然变成了癞蛤蟆。"可叹啊，失败，背叛。"更令人绝望的是，她第二次陷入了婚姻陷阱。"我就像一个背景板。家里没一个人给我好脸色，没一个人正眼看我。现在，我什么都没有了，没有钱，也丧失了斗志，更没有未来。我甚至无法离开他。离开之后去哪里呢？我别无选择，只能忍受。我不知道您会不会看到这封信，但是写下这些话已经让我心里好受很多，万分感谢。"

自信

我不想用如此灰暗的音符结束这一章。不少女性也讲述了离婚后幸福的生活。但是，下定决心的过程是漫长的，过渡期是充满困难的。然而，之后便是无法比拟的快乐、轻松、幸福，还有全新的生活。终于迎来了全新的生活！有时，这个全新的生活在一次邂逅，一次等待良久的邂逅中绽放；有时，全新的生活就是一个人的生活，既不孤单也不沮丧。全新生活的关键其实是：要得到爱情，首先要有自我排解的能力。而这个能力，除了经济因素外，需要极大的自信。

然而，自信往往是最缺乏的。正是自信的缺乏才让离婚的决定一拖再拖。婚姻之初，自信的缺乏就开始慢慢显现，慢慢变成枷锁，变成丈夫牵制我们的软肋。

艾莉斯对此并不陌生。每次她都离下定决心差那么一点点的自信。之后，她又总能碰到触动她心弦的小契机，让她重新充满能量、充满自信地对自己说：是的，这次我要离开。

妮娜并不像艾莉斯那样饱受丈夫的鄙视和羞辱，自信被摧残。但她也经历着内心世界的崩塌，每天被噩梦所吞噬。"不知不觉，生活变得一片灰暗。没有热情，没有希望，只剩得过且过和伤心难过。生活一团乱麻，如何脱身？生活折磨着我，半死不活，虚弱无力。如何才能有勇气和精力打破婚姻的藩篱？"

我给妮娜回了信："是的。但这是以前的你。现在，你已经下定了决心，目标明确，那么就应该一路走下去，实现目标。"

妮娜回复:"是啊,应该是吧……再说吧。"

之后,我一再留言鼓励她,她却再也没有任何回复。

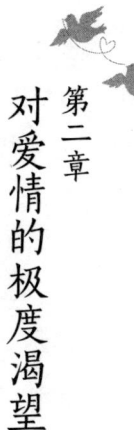

第二章 对爱情的极度渴望

在很多虚构的故事里（不仅仅是童话故事），爱情从天而降，忠贞不渝。爱情甚至被赋予了超自然的神奇力量。可事实上，爱情是极富活力的，善变的，种类繁多的，甚至是自相矛盾的。不同的年龄段，爱情的形式也不尽相同。不同的时代，爱情也不停地在变化。在另一本书里，我已经描述过这个奇怪又不为人知的爱情的变化过程。在当今社会中，婚姻关系所处的困境有其自身的特点，不容忽视。为了凸显这些特点，我将简明扼要地概述人类爱情变化的过程，进而解释为何当爱情消逝的时候，我们会在精神上遭受重创。同时，也能帮我们看清为何婚姻陷阱在不知不觉中将出口封锁，而我们却无力反抗。

久远的爱情

爱的世界里总有两条截然不同的主线相互纠缠着。一个是泛爱,普世的爱,无条件的爱;另一个是激情。一直以来,这两条主线互为敌对。现在,它们破天荒地出现了交融的趋势。泛爱,我们对它最初的形式并不陌生,它是基督教精神的主要成分。它敦促人们超越小我,普爱众生,仁爱慈悲,超脱物外。不论他人犯下何种错误,种下何种罪孽,都要保有对他们的爱和悲悯,即使是面对自己最凶残的敌人。不论路途充满何种艰难险阻,都要有一颗爱人的心和劝善的信念,要相信爱能够战胜所有负面的情绪。

从最初的泛爱发展到今天的夫妻之爱,中间经历了多少复杂又不为人知的事情,不是三言两语就能说清的。更何况,很多事情都超出了爱的传统领域。我该如何解释才能避免过于笼统而让读者陷入困惑呢?那么,亲爱的读者,我建议您,当然,没有任何轻视的意思,暂时将自己变成八岁的孩子。这样,我就能更自如地一一道来。现在非常流行一些为读者解释复杂概念的书,诸如《给儿子的信》《给女儿的信》之类。那么,我给大家的解释如下:

在人类社会的初级阶段,众神并存。之后,人们开始信仰唯一的神(犹太教、基督教、伊斯兰教)。这个神是绝对真理的化身,拥有驱散黑暗的光芒。福音书里说:"上帝即光明和真理。"他带给人类信仰和知识,也让人们分不清什么是信仰,什么是知识。启蒙运动时期,大哲学家们提出了全新的理念：指引人类前行的应该是理性，而非上帝。他们并非否认上帝的存在，而是希望人的理性能不受任何羁绊，自由发展，科学的真理能够运用到世界的各个领域。

伴随着科学知识的发展，人类进入到了现代社会。随之而来的，是知识的爆炸，技术的革新，人类也拥有了更多的自由。但是，这样的社会也慢慢暴露出问题。理性让人与人之间冷漠疏离。和启蒙时期的大哲学家们所期待的完全不一样，理性并不如砖头一样，层层垒高，永不倒塌，永远充满正能量。相反，理性的思想很多时候是负面的，毁灭性的。它慢慢拆除之前所搭建的一切。

那么，现代社会不能建立在理性之上。相反，想要构建一个根基稳固的现代社会，光靠"理性"这个抽象的概念远远不够。我们需要更为具体的东西来作为基石：经济学家提出的想法是，社会中的个人应该"理智"。事实上就是希望每个人都根据自己的利益，斟酌自己的每一个选择——个人的利益。这样一来，人的行为动机将变得非常具体，几乎可以借用数学方程式计算出来，进而推算出整个世界。理性控制下的世界本就冷漠而疏离。而经济和资本数据统治下的世界里，人类出于各种利益的自我管控更让这个世界冷若冰霜。比起经济世界的冷若冰霜，理性世界的冷漠疏离又算什么呢？在人类社会的运转过程中，利己主义与犬儒主义已经深深地刻在了人们的心里。

温情的小天地

这样的社会当然让人无法忍受。尽管我们有时候显得自私,可是人的本能还是让我们渴望爱和友谊、善良和友好。一开始,有人就希望能够找到经济世界的替代品。除了钱,难道爱就不能让社会正常运转吗?一些乌托邦主义者幻想构建以爱为纽带的社群,并企图在许多国家付诸实践:法国,美国等,可惜都以失败告终。而家庭却正开始发生巨大的变化。面对这个越来越让人失望的世界,每个人都在自己的家庭里激发出了更多的潜能。正是在这个时候,公共空间和私人空间开始被明显地区分开来。那时候,私人空间的概念并没有广为流行。但是这个空间里的价值观与外面世界的价值观截然不同:给予、包容、爱。人类社会变得越来越利己,而家庭这个私人空间却越来越充满无私的爱。社会里的个人也拥有了双面性:形势所逼时,他可以是利己的利益斟酌者;一旦有可能,他便会为家庭付出全部的精力和热情。

浓情蜜意的夫妻

在家庭关系里,传统的泛爱扮演着重要的角色。但是,为了适应时代的变化,泛爱的表达方式也发生了变化。在此之前,夫妻从来都不是因爱情而结合的。中世纪有谚语云:"一起吃喝拉撒,此为我眼中的婚姻。"后来,爱情被慢慢引入了婚姻生活,大家举案齐眉,相濡以沫,温情脉脉。

此后，家庭就自然而然地成了在这个艰难世界中前行的避风港，给我们安慰，为我们疗伤。

教堂在家庭的变化中起了很大的作用。在公共事务的管理上，教堂逐步被国家机构所取代。于是，它开始转向进入私人事务的领域，并且通过创立一系列的家庭伦理道德来巩固自身的影响。基督教敦促人们爱人如爱己，普爱众生，当然，最重要的，是爱亲朋好友。想象一下，如此一来，人们还能满足于一起吃喝拉撒的婚姻吗？没有爱的庇佑，基督教如何教引人们普爱众生？这简直无法想象。所以，一旦教堂参与到了婚姻当中，它就应该担当重任，为婚姻注入爱情。

当然，一切的发展并不一帆风顺，人们展开了激烈的辩论。如何爱自己的配偶？如飞蛾扑火般炽热的爱情？不行，太激烈了！毁灭性的激情和欲望都应该被摒弃，凡事应有节制。新教的秘密信仰中，太过激烈的肉体之爱终会止于毁灭。女性应该格外警惕这种爱情，因为她们广受骑士文学的影响，是情感丰富类文学作品的狂热崇拜者。家庭中的爱应该远离非理性的狂热和毁灭性的冲动。相反，它应该源于无条件的爱，细水长流。对爱人，应该保有永恒的爱，无论他做什么。即使他有时令人难以忍受、可恶至极，我们也不应该忘记曾经的诺言，爱他如初。

基督教的普世之爱劝人向善，拒绝憎恨。只有当面对病痛缠身或经受苦难的人群时，才会让自己流露出少许愁绪。夫妻之爱也以真诚友善为基石，一旦一方有难，便挺身相助，不离不弃。当然，这是夫妻之爱的基础，慢慢便会滋养出更多厚重的情感。首先是温柔。十七、十八世纪，夫妻之爱越来越充满了温柔。女性是这一变化的主导者，因为她们本就擅长温柔。这也与她们在社会中所处的位置有关：她们基本不参与社会公共事务，活动范围仅限于家庭，而夫妻的鹣鲽情深让她们以另一种方式拓展了她们的社会影响力。在这方面，她们阅读的情感类小说功不可没。而教堂做的事情就是让她们不要被激情带偏，将她们重新引回家庭之爱的正途。男性的阅读经验则让他们更多地关注通过战斗得来的爱情（骑士小说中，求爱者为了赢得美人的青睐往往要历经千难万险）。爱情这个词本身就含有冒险和勇气之意。因为女性的存在，这个词慢慢染上了静美的柔光，将婚姻中的夫妻之爱用柔情包裹。

未来不再交给命运

基督教的泛爱教引人们普爱众生，家庭夫妻之爱则希冀人们对配偶保有永恒的爱情，而不要被现实中的日常点滴和情绪波动所左右；它让我们忍住不满，忍住烦躁，忍住痛苦，靠着对配偶无条件的爱，坚定地在婚姻之路上走下去，无论路上有多少陷阱。二十世纪前半叶，婚姻皆如此，并在二十世纪五十年代达到了顶峰。经历了五十年代战争时期的节衣缩食和物质紧缺，以爱为基石的家庭前所未有地稳定坚固。也就是在这样一片平静的天空下，一场被称为"第二次现代化"的暴风雨席卷而来。二十世纪六十年代初，年轻人开始拒绝将未来交给命运。他们想要将一切控制在自己手中，包括他们的未来、他们的现实和他们的三观。一旦察觉爱情已逝，夫妻便会毫不犹豫地选择离婚。但是，这种全新的自由和无条件的爱情是完全背道而驰的。

我们生活的世界如此冷漠，如此艰辛，于是我们极度渴求爱情。从没有哪个社会，人们像现在这样如此渴望得到安慰和温情。然而，作为一直以来安慰和温情的来源，婚姻与这个迅猛发展的现代社会中极度独立的个人却越来越不兼容。在以前的社会里，那个和我们步入婚姻殿堂，许诺一生相随、至死不渝的伴侣变得可以像合同一样终止，并且不得不经受悄悄投来的审视目光。即使两人相爱，也还是忍不住去考验伴侣。一旦觉得自己不够幸福便决心离开。不幸福成了一件让人无法忍受的事情。

黄金法则

经常有记者通过电话约我做采访，主题是老生常谈的"婚姻持久的秘密是什么"。因为有些夫妻关系稳定而持久，他们似乎没有绕不过去的坎。这个问题比较难回答，但是说到底，又十分简单。这样的夫妻肯定很少偏离无条件的爱的主题。

无条件的爱本身并不是幸福生活的绝对保障。现实生活中也有不少夫妻共同生活很久，互相磨合，忍住不满，避开争吵，可他们之间却缺少爱的依恋。这种单薄的无条件的爱越来越被摒弃。我们渴求的是历久弥新的夫妻之爱：充满关爱、亲密和温情。这样的关系中,不能缺少的还有一个当今婚姻中非常重要的"黄金法则":历经千山万水,保有相互信任。

在我们的社会里,竞争和评价无处不在。人的自信自尊也因此经受着很大的考验和挫败。这几乎成了当今的社会病。因此,我们极度渴求被认同,重建自信。而亲朋好友的认同,尤其是伴侣的认同,显得尤为重要。当今社会中,婚姻的最大功效甚至就在于帮助伴侣更加自信。"黄金法则"中的相互信任和相互认同甚至演变成了当今婚姻的基石。无论配偶说什么做什么,他都有自己的理由,都值得被欣赏。配偶成为我们无条件的支持者和私人粉丝。一旦爱情消逝,受到重创的必定是这种相互信任,最终引发内心的海啸,直至崩溃,使人元气大伤,甚至走向自杀。许多令人心碎的故事都印证了这一点。婚姻生活中,看似一个人的困境事实上源自两个人的问题。而问题的关键在于:相互信任。

在一次关于家庭一日三餐的调查中,我发现了信任在夫妻关系中的重要性。餐桌上常见的话题便是描述一天中发生的事情。尤其在晚餐的时候,人们喜欢抱怨工作上遭受的不公,遇到的挫折等。在这种家长里短的唠叨抱怨中,总有一个坏人("他又让我做这个"或者"她又指使我做那个"),而配偶则扮演倾听者和疗伤者的角色,并时时附和,对叙述人表示理解和支持("哎呀,他真是白痴!""的确,他就是个大傻×!")。配偶就是我们的倾听者、安慰者。婚姻应该首先是一个给人慰藉,让人释放的地方。

但是,每个人都同时扮演着不同的社会角色。既是丈夫,又是儿子，同时还是别人的同事，抑或是球队的一员，等等。在每个角色中，他都以不同的方式寻求相互信任。这种种角色层叠交错，身份认同感也复杂不一。而夫妻间的黄金法则则应凌驾于其他的相互信任之上。如若不然，夫妻关系便会岌岌可危。即使是"父子""父女"关系都应排在夫妻关系之后。无论我们对父母有多么尊敬，或者有多么依恋，夫妻关系都不应成为其附属。

充满温柔和体贴的小天地

黄金法则是基础，但是远远不够，并且变得越来越不够。它仅仅是夫妻生活的基础，在此之上，还需要深厚的情感层层累积。现在，有个观念正越来越普及：家应该时刻充满温柔和体贴。其实，温柔和体贴都不是全新的概念。这个观念的革新之处在于时时刻刻。温柔能激起更多的温柔作为回应，体贴亦能够赢得更多的体贴作为回馈。如此一来，便形成了一个良性的情感循环。这个良性情感循环被很多高知夫妻（记者、心理医生、咨询师、法官）所提倡。他们往往接触过很多公开的情感危机。近几年，出于对孩子的保护，一种模范式的离婚模式被普及。这种模式的高明之处在于，离婚的时候，即使没有了感情，但至少不要撕破脸皮，不要不管不顾地破口大骂。要做到这一点，显然不易。尽管如此，离婚还是在慢慢地向这个模式靠拢。处理离婚危机时的智慧在平日的小吵小闹中也得以反映。因为，面对这个残酷的社会，我们需要被温柔地对待，无论是身体上还是更为重要的精神上。温柔能让我们平静，能让我们品味生活之美。我们越来越需要能够给心灵以慰藉的抚摸。当今社会中的夫妻无法满足于肤浅的安慰；他们应该学会做一个按摩高手，用温柔的手为配偶拂去一天的疲乏，拨开迷雾般的困顿。有时，我们需要走得更远，去探求配偶心灵所需，并时时给予惊喜。不要满足于日常的舒适，而应追求更高层次的愉悦。

因此，大多数夫妻在婚姻中都有充满仪式感的地点或时间，有很多幸福的小场景，这样，我们才能充满幸福的存在感。这种幸福感尤其体现在床上，因为性爱所带来的快感是其他愉悦所不能比拟的，它更加强烈，也更加私密。因为它是身体的需求，也是夫妻关系的标志。研究表明不少女性在性爱中体验不到快感，但是仍然渴望和配偶水乳交融。因为性爱象征着真实的夫妻关系，而性爱的缺失会引发严重的问题。当然，这些问题并不仅仅局限在床上。夫妻间满满的默契其实无时无刻不通过日常小事体现出来：两个人的饮食，一次体育运动，海边的度假。

激情改变一切

很多分析人员都指出，在最初相遇的电光石火后，感情便逐渐转淡。但他们忽视了一点：一种不同的爱情出现了。这种爱情不比恋爱之初的耀眼和激动，但却更为深沉，温暖却不招摇。即使年龄日增，夫妻之爱却能散发出巨大的能量。初遇时的激情和闪电终将退去，渐渐倒塌的旧世界中的兴奋和轻浮也会散去。夫妻之爱却能够与这个世界合为一体，并从最琐碎的日常生活中得到滋养。爱情不再的夫妻并不是死于日渐衰退的激情，而是无条件的爱的缺失，是他们无法让爱情在日常的琐事中焕发生机。

这并不是说激情只是附属品。它其实可以出乎意料地融入婚姻生活，为这个爱的小天地增添很多动人的时刻。出乎意料是因为激情和无条件的爱几乎无法兼容。激情背后其实隐藏着一段长长的故事，而这个故事经常受到人们的批判。我们有必要花点时间追溯一下这段故事，原因有以下两点。首先，是为了弄清楚现在的爱情是如何运转的，同时也看清激情和无条件的爱这两个完全相反的逻辑如何相互纠缠。第二，是为了通过一些关键词来把握男人和女人之间的理解偏差，因为当今社会的男人和女人看待这两种爱情的态度是不一样的。

在其代表作《爱和西方》中，丹尼斯·德·热蒙权威地解释了激情来自何处。和无条件的爱一样，激情也源自宗教。但是，这个宗教和基督教完全不同。这个宗教崇尚纯粹主义和激进主义。它以摩尼教义为基准，以追求纯粹世界和光明世界的名义，无视俗世的存在，鄙视其庸俗。在这个宗教里，宣扬的并不是人应该爱这个不完美的世界，而是拒绝这个世界，只爱值得被爱的东西。（或者，在婚姻的话语体系里，就是不以无条件的爱为基本原则，不在婚姻中努力坚持，而是一旦婚姻和所爱的人不再如想象中完美时，便斩断情缘。）

丹尼斯·德·热蒙揭示了中世纪的骑士之爱如何直接发源

于纯洁派这个为人所不齿的异端邪说。骑士之爱是历史上第一个激情狂潮，上演了一幕幕为爱而战的骑士和心爱的夫人之间轰轰烈烈的爱情。温柔的骑士诗篇看起来和血腥的"阿尔比大屠杀"毫无联系，很多人完全不会细想其中的关联。"阿尔比大屠杀"是一段从黑色到菘蓝色的阶段。可是这两者背后的思潮是完全相同的。这个从黑到粉的转化将在几个世纪后的新激情运动中再次死灰复燃。这个新的激情运动影响巨大，来势凶猛。它就是浪漫主义。工业社会初期，人力变得渺小，面对这一现实，激情的风暴随之形成。这和骑士时期完全雷同。浪漫主义有两副面孔。尤其是在德国，浪漫主义开启了一个激进的流派。这个激进流派的基础是神秘主义，而浪漫主义为它的发展倾注了力量和动力。它的主要思想，和特里斯坦与伊斯尔特一样(这个主题后来被瓦格纳重复使用，这当然不是一个纯粹的偶然)，关乎绝对激情。在这种激情的支配下，人几乎拥有了一种神性的能动性，能够创造一个全新的世界，梦幻又诗意，远离人间的鸡零狗碎。可惜，和特里斯坦一样，这样的世界只能是现实世界的对立。它的颜色必然阴沉，它的情感注定忧郁。这个世界悬而无根，一切均灰暗神秘，沉浸在忧愁的痛苦和逝去的美梦中。死亡是若即若离的主题，它赋予情感强大的力量。情感：这就是隐藏的宝藏。正是通过情感的助力，心性合一的共鸣，我们找回了真正的自我。情感将我们带到一个充满和谐的世界，奇异而圆满。

绝对的激情通向忧伤，无尽的忧伤，和死亡无限接近。矛盾的是，骑士之爱注入了邪教纯洁派的色彩，而浪漫主义则演化成了温柔的情感,俨然是一派幸福的图景。

日渐温和的浪漫主义

原来仅存于文学和艺术领域的浪漫主义慢慢扩散到整个社会的各个层面,影响着每个人的日常生活。在文学领域,最初的辉煌过后,十九世纪的浪漫主义不再是潮流的中心。新的流派打着现实主义的幌子开始了对浪漫主义的猛烈抨击。浪漫主义的变化轨迹是抨击的核心,因为浪漫主义变了。它变得普通又温和。浪漫主义的作品变得平庸,原来紧张的戏剧冲突完全被情爱的无病呻吟所取代,然后就是皆大欢喜的大团圆结局。浪漫主义退化成了单薄的浪漫。当时流行的文学沙龙都对此进行了嘲讽,因为女性是这一转变的主要推手。她们往往被排挤在文学圈之外,却又通过自身的情感经历积累了丰厚的经验。不管是主动还是被动,她们都被卷进了移风易俗的运动洪流之中。最不该犯的错误其实是止步于浪漫的文学形式,低劣又陈旧。重点是,正是这些作品深刻地改变了生活,尤其是爱情生活和婚姻生活。当今婚姻中很多棘手的问题其实都来源于这种浪漫。

浪漫主义的影响仍在以不易察觉的方式扩散着。十九世纪末,报纸上的章节体小说越来越趋向于讲述一个个爱情故事,读者主要是女性,她们甚至会把报纸上的章节按顺序装订收藏起来。第一次世界大战前,"粉红小说"问世。两次世界大战间隙,女性杂志的增刊也开始连载此类早已泛滥成灾的小说。除此之外，广播和胶片里播放的爱情歌曲也加入进来，将气氛烘托到顶点，声音的共鸣和其他的共鸣交相呼应。爱情电影在欧洲虽不似在好莱坞般风头强劲，但是战后，欧洲就不甘人后，开始疯狂地追赶好莱坞。浪漫主义还浸入到其他特殊媒体中，比如小说——照片。这个文学形式深受女性喜爱，突如其来却又声势浩大。我们很有必要解析一下这种特殊文学形式的典型特点。它诞生于意大利，代表作品有《大旅馆》《波勒若》，旋即获得闪电般的成功。最初的明星，如吉娜·劳洛勃丽吉达、索菲亚·罗兰都成了大银幕的常客。在法国，仅《我们俩》周发行量就迅速过百万。很多基督教团体对小说中对激情的赞颂非常担心。但是这些谴责都没能阻挡这个狂潮。小说——照片类的书籍层出不穷，在二十世纪五十年代达到了巅峰。女性和激情之爱就这样被更加紧密地捆绑在了一起。

爱情的冲动

温和的浪漫主义已经浸入到生活的方方面面，它的影响力是不容小觑的。但是这些影响是复杂的，无法说清道明的。令人惊异的是，有史以来第一次，它的温柔以及对幸福的追求让它和它的对手——无条件的爱汇合。夫妻之爱也因此多了一份情感的厚重。它施展魔法的时候，婚姻里会充满很多浓情蜜意的时刻，也能让日常生活时不时地从平淡中跳脱出来。在浪漫主义的巅峰时期，与现实生活的决裂就是它的标志。现在，这样的想法偶尔显现闪现，却不会摧毁婚姻里二人已构建的夫妻生活。反而，还时不时地成为他们生活的点缀。可是，这样的想法也可能引发负面效应。

在这个极度现代化的社会，每个人都有完全的独立自主权。人们能够自由地掌控自己的生活，做自己生活唯一的主人，旗帜鲜明地反对无条件的爱这一构建家庭小天地的基础。对立的双方其实是内心和理性（感情让人产生依恋，而思考却让人冷静，掂量得失）。通常，获胜的是理性。那些婚恋网站提供了很好的例子。婚恋网站上的男男女女有如菜市场上的白菜一样供人对比选择。面对这样的选择，我们往往犹豫不决，不知道该选谁来开始一段感情。这时，浪漫主义的冲动有了用武之地。现在和过去一样，显而易见的是我们往往被欲望冲昏了头脑，不在乎那个人的内在如何，而是被外在的美丑牵着鼻子走。

你们会说，这样很好啊。是的，从这个角度来说，是的。但是，一旦爱情消逝，它也一定以这样的方式结束。激情需要追随真实的感情。无条件的爱的包容和沉静都被激情的尖叫所代替，丝毫不在乎就此结束婚姻的小天地。在激情的世界里，爱情已死，婚姻的长度便毫无意义。浪漫主义变温和的其实只有其形式（对幸福的向往，小提琴，还有心形的小饰物）。它仍旧会拒绝无条件的爱，并通过某种精神暴力和旧世界做决绝的告别。于是，曾经的联盟开始倒戈。激情，曾经为无条件的爱增添情感厚度，现在却转而以独立自主为营，与无条件的爱为敌。而独立自主的人总是会批判地看待自己所处的境况。一旦爱情逝去,熄灭的激情则会让人看清这个令人失望又悲哀的现实。只有当婚姻里一切顺风顺水的时候,激情才会为无条件的爱增光添彩。

婚姻陷阱中的两种爱情观

婚姻美满的家庭,诸事顺心;婚姻破碎的家庭,鸡飞狗跳。这两者之间,其实存在兼而有之的家庭。这种婚姻也会持续很久,感情逐渐消逝,两个人生活在一起越来越别扭,无法沟通,却无法下定决心离婚。婚姻生活的陷阱由此而来。它纠缠不清、毫无头绪,令人痛苦至极。本书探讨的就是这样的婚姻陷阱。很多时候,困在婚姻陷阱里的男性和女性的感受是完全不同的。但是,之所以会不同,是因为男性和女性对激情之爱和无条件的爱的看法不同。

当然,我们要避免将男性和女性脸谱化:每段婚姻都不同,每个男性和女性都有他们自己独特的思维和生活方式。男性的典型形象并不代表所有男性。对待这两种爱情观的态度也要避免绝对化。比如,那种觉得男性都不浪漫的说辞就毫无根据,并且也很难被人理解,尤其是在"浪漫"一词仅仅表示某种感情敏感度的今天。更何况现在的男性也变得越来越感性,不再迟钝木讷。

但是,在原来,浪漫主义则是另外一番样子。它意味着对感情的全情投入,由内到外臣服于感情,无惧感情的破裂。然而,相较于男性,大多数女性对待感情都更加投入,很多时候,感情的破裂也源于她们。当然,男性也会投入到激烈的爱情之中,他们甚至比女性更忠诚。但也不能说他们都是因为肉体的欲望才投入到爱情之中。研究人员发现男性善于把他们的生活划分成各个区块,他们会幻想一两次偏离生活正轨的举动(当然不能被发现)不会给他们正常的婚姻生活带来风波。如果妻子出轨了,他们有时甚至能够继续维持婚姻关系,就像什么都没发生一样。对女性而言,飞蛾扑火的激情她们早就通过传统的浪漫主义小说体验了不少,因为她们一直都有阅读骑士小说的传统,并深受影响。这些让男性嗤之以鼻的小说让女性在对待感情的时候更加彻底地投入,也更加执着偏激。

男性对感情的投入

第二类爱情——无条件的爱,则更为复杂。之前我们已经提到女性如何创造了无条件的爱,让家庭生活和婚姻生活中充满了自我牺牲和温柔关爱。但男性也随即开始付出无条件的爱。只是他们付出的方式更加理性,而非感性。他们在爱情里并不太感性,但是他们却非常依恋,甚至依赖感性的爱。有时候,他们的付出坚强有力、创意十足。他们会为家人提供舒适的物质条件。女性则负责将生活安排得井井有条。如果一个家乱七八糟、满是灰尘,也不能称之为一个家。

男性和女性最大的区别在于男性的爱比较单一:无条件的爱,而女性则在无条件的爱和激情之间摇摆不定。男性比女性更容易认同无条件的爱,是因为无条件的爱的排他性较弱!

对男性而言，他们会偶尔出轨，并且完全不愿意被撞破，也不愿意承担后果（安东尼的故事就是个典型）。除此之外，他们还保留一些完全独立于家庭之外的个人活动（比如体育运动）。而女性则完全处于家庭生活的第一线，即使心生不满，也基本没有一丝给自己喘息透气的机会。自然而然地，提出离婚的通常都是女性。而一旦女性无法下定离婚的决心，她就被困在了婚姻陷阱里。之所以会犹豫不决，主要是因为她在这两种爱情观之间徘徊。对爱情的全情投入让她在爱情消逝时萌生离开的想法；对小家庭，对亲人，对孩子的无限依恋又让她无法潇洒离开；甚至还有对丈夫的依恋，即使他让她痛苦不堪。同时，她也看到了丈夫何尝不也经受着痛苦。我们无法放弃一个会心痛的丈夫。

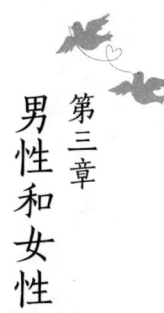

第三章 男性和女性

缺席的幽灵

可怜的男人们在这本书的前半部分里基本上没扮演什么光彩的角色,我必须在这里向他们道歉。他们没有发言,我们只能通过他们的控诉者来构建他们的形象。这些控诉者的话情真意切(在她们眼里,他们就是这样的),但是也失于客观(奥利弗耶和热霍姆肯定有不同版本的故事)。他们只存在于幕后,形象怪异却整齐划一。他们就如同一个沉默又缺席的幽灵,只有愤怒至极时才会苏醒。

我不能停留在这一层。不是所有的男性都是同一副讨厌的面孔。当然,在女性的控诉里,我们能总结出不少当今男性的典型行为。选择逃避:出现问题时否定或逃避。选择沉默:这其实是逃避的另一种方式。但是,女性控诉的字里行间里都能让我们感到她们丈夫的慌乱、不安以及不知该如何表达的痛苦。比如，本书中提到的情感绑架甚至演变成了可耻的骚扰。为什么男性面对离婚的时候反而会突然发现自己其实深爱妻子？当他们拼尽全力挽救所剩无几的爱情的时候，到底有几分真心，几分假意？

并且，不是所有男性都如此。越来越多的男人不再是一副令人讨厌的面孔，他们风趣幽默、温柔贴心。他们会在周末时为家人下厨，他们会和孩子们玩成一团，他们会在妻子生日时献上烛光晚餐，他们会为生活创造很多惊喜。他们的眼里饱含柔情。我要打破男性的沉默，让习惯一言不发的男性说出他们的感受。

男人并不比女人说的话少。但是，说话的场合和背景完全不同。在他们统治的领域，如金融界、企业圈、政治界、科技或体育领域，他们常常口若悬河。而女性只能分得小小的发言权，往往还要经受男性嘲讽的目光。在原来的家庭模式里，女性也几乎没有发言权。十九世纪的行为规范规定了餐桌上的说话顺序，等级森严。男性是主人，任何人都不能打断他的发言，谈论的主题由他决定。女性只能从旁附和，顺其心意，同时保持谦虚低调。她的发言应该温和巧妙，让人一听就知道她对主题了然于心。（然后，才轮到孩子，其实他们没有说话的权利。）女性会在其他地方打开话匣子。一旦到了女人们聚集的地方，如咖啡馆，或者是在杂货店排队结账的时候，她们就叽叽喳喳，说个不停。洗衣房也是女人们的社交重地。女人们在那里谋划如何颠覆旧的世界。男人们往往不屑于女人们肤浅的闲谈(潮流、装饰、感情)。可是他们不知道女人们已经开始了秘密的谋划。她们的闲谈里慢慢出现了无条件的爱的影子：如何相互尊重，如何养育孩子，如何给予爱，如何接受爱。而这些关于爱的讨论将慢慢影响她们的生活。

为什么男性一言不发

近几十年，家庭发生了翻天覆地的变化，女性拥有了绝对的话语权。她们不禁止男性说话，甚至，她们哀叹他们在感情转淡之后变得如此寡言，近乎沉默。没有任何生活指南（当代行为规范）要求男性保持沉默，但这却是他们在家里新的地位。让他们闭口不言的，正是女性。在很多女性主导的领域里，他们退居二线：子女教育，亲友关系，操持家务。在这些领域里，男性所知甚少亦所知不全，他们更不知该做些什么，也不会做（从女性的角度来看）。他们变成了老师眼中的坏孩子，永远都达不到老师的期望。即使他们觉得已经做出了努力，得到的却永远是一句"有待进步"！于是，和很多得不到鼓励的坏学生一样，他们一下就泄气了，破罐子破摔，不再碰任何家务，不再做任何努力。长久以来家务事无法平均分配并不是没有原因的。

但我们最感兴趣的是话语。如果对夫妻之间的交流加以分析，会发现其实男性在有些语境下还是会参与到谈话之中的。夫妻之间的谈话并不是一个统一不变的整体，而是分为很多不同的主题。在夫妻之间，有一种闲聊甚为关键，能让他们累积属于他们的家庭文化，那就是：夫妻会对他们周遭的人和事进行讨论和评价（社会新闻、一天的见闻），从而达成统一，形成共同的观念。他们还会谈及家人和朋友，探讨生存的道德底线和准则。从这一点来看，男性很有说话的积极性，他们甚至会口若悬河、侃侃而谈。在家庭重大决定上（买房买车，变换居住城市），女性也会给男性留足面子，让他们做出决定。节假日或和孩子们疯闹时，他们也会变身小丑，不停地调动气氛，口吐莲花，幽默风趣。而一旦涉及他们完全不擅长而女性驾轻就熟的领域，便重回沉默，拘谨寡言。他们这种避己之短的态度在做家务上面并没有碰到什么大的障碍，因为女性对他们笨手笨脚的抱怨往往能让他们轻松地躲过令人头疼的家务。而在人际关系方面，他们的短板便暴露无遗。

沙滩上，女性裸露了胸部

有人肯定觉得我跑题了。关于沙滩上女性露出胸部的现象，我做过一次调查，结果让我深感震撼。露胸的现象始现于二十世纪六十年代的蔚蓝海岸。男人们看到一个个裸露胸部的美女时，异常惊讶，同时也暗自兴奋。但是，还没高兴多久，他们发觉自己高于女性的地位受到了动摇，他们在沙滩上不处于主动进攻、诱惑调情的地位了。这个女人连胸都露了，还怎么调情？这种明目张胆的半裸似乎本应该勾起男性更大胆的举动。但是，恰恰相反，什么都没有发生。男人们反而顿时显得畏畏缩缩，无从应对；反而丢盔弃甲，缴械投降。因为，女人们变了，改头换面了。她们不再像过去那样犹抱琵琶半遮面，眉眼低垂，欲拒还迎。如今的她们，散发着强大的自信，奔放而坚定。她们不需要以美色为手段，她们直接展示自己的权利。男性弃阵而逃。

　　我讲这个故事，是因为它能够帮我们了解当今婚姻中男性的一些行为。沙滩上，男人们当作什么都没看见一样。并且，满是裸胸的沙滩除了给男人们造成一丝尴尬，同时也是十分养眼的可餐秀色。男人们只需要按捺住内心涌动的激情，达到人们的期待，扮演好新的社会角色即可。很快，男人就学会了在波涛汹涌的沙滩上应该如何得体地表现，如何展现出他们的淡定和波澜不惊。其实在那个特定的场合下，他们也只能这么做。比如，目光并不刻意回避美女的胸脯，但只是轻轻掠过，似乎毫不在意。而在他们内心深处，弃阵而逃让他们心绪不宁、局促不安甚至陷入焦虑。这种撕裂让他们徘徊在自尊的捍卫和内心的崩溃之间，而这正是他们面对家庭危机时心态的真实写照。他们表面上波澜不惊，似乎一切尽在掌握。可是平静的外表下，内心却饱受困顿疑惑的煎熬。于是，他们沉默。因为他们已经深陷内心的煎熬。因为他们除了扮丑角逗家人开心之外，并没有女性那种说话的艺术。于是，他们宁愿选择沉默，以免言语蠢钝，遭人嫌恶。

攻城略地

女性不满足于在沙滩上脱去上衣（在此之后，潮流变了。关于这个，又可以洋洋洒洒写上一大篇，但是此为后话），女性彻底颠覆了各种家庭关系，让家有了各种可能，为家定下了各种全新的目标。她们的改革触及物质生活和精神生活的方方面面：夫妻交流、情感表达、对完美的追求、对孩子未来的规划等。她们要攻城略地，将这些领域统统拿下。面对这些无休止的改革欲望，男性无力跟随，只求能够获得些许喘息的机会。通过调查，我发现男性最常挂在嘴边的词是：疲惫。妻子让他们疲惫。而女性最常提到的词是：恼火。因为，丈夫无论在任何方面都无法令她们满意。丈夫让她们失望，让她们恼火。

当今婚姻的正常运转需要夫妻双方扮演特点鲜明的两个角色（感情和睦时，琴瑟和谐；出现问题时，互为对立）。女性通常都扮演家庭发展的谋划者和火车头的角色，她们要确保家庭目标的实现。于是，她们不得不产生很多责任感，严肃而持重。同时，也伴随着焦虑。而男性则扮演着马车缰绳以及皇后弄臣的角色，间或说上一两句话，或者从旁协助一二。他们要让生活不要太过戏剧化，也要让无忧的欢声笑语点缀其间。决定男性和女性不同处事方法和情绪波动的正是他们扮演的角色。女性往往焦躁不安，男性往往超脱俗世。而这并不是所谓的天生的特点，而是当今社会婚姻中不同角色的分配使然。女性话多，男性话少。这也绝非天性所能解释。

我曾做过关于家庭亲密性的调查。被访者绝大部分是女性，这就不足为奇了。但是，主题一变，这个比例就会变化。不少男性都愿意谈论烹饪，房子翻新，网上艳遇等话题。几乎没有人愿意谈论烦恼。他们当然也有不少鲜为人知的烦恼，但是却拒绝谈论。他们害怕会挑起矛盾，他们害怕矛盾。男性和女性在家庭中的角色有时变得水火不容：一边是女性无休止的责难和抱怨，另一边是男性永恒的沉默。

当夫妻双方都烦恼不堪时，他们会水火不容。当爱情已死，独留空壳时，更是如此，甚至刀剑相见。戴维·勒·布雷顿[1]在他的书中提到过"自我的消失"：面对现代世界的复杂和疲累，人们容易看破红尘。然而，当陷入婚姻危机中的男性和女性从生活中抽离时，他们跌入地狱的方法是绝不相同的。女性仍旧渴望沟通，以便明白发生了什么事情。男性的一再沉默则让她们加速坠入痛苦的深渊。相反，男性则会让自己在沉默中实现"自我消失"。通常，沉默只是男性的一种逃避手段（说得多、错得多，为了避免争执，干脆闭嘴）；而此时，这个沉默来得更有深意。男性不再说话，因为他们的心已经飘走，只剩躯壳。

让沉默的男性开口说话

这就是为什么，男性在这次调查中基本沉默，而女性比平

---

[1] David le Breton(1953—)，法国人类学家。

常还要能说。面对婚姻陷阱,女性爆发,男性沉默。观察到这一点很重要,但是不能让我的工作有任何进展。如何才能获得些许零碎的资料,让我一窥男性的内心世界呢?

我把所有的邮件回复重新看了一遍,想要找出关于男性心理的只言片语。我几乎是无功而返,但也不全是一无所获。比如,黑米则对女性的尖叫和崩溃感同身受。不是所有男性都是一个样子,同样,不是所有女性都是一个模样。人和人之间是千差万别的。我将男性和女性的形象模式化是为了方便大家对社会的运行模式有一个大略的概念。现实中,婚姻陷阱千差万别,我们将它们典型化的同时,也不能否认大量特例的存在。困在婚姻陷阱中的男性,即使不再沉默,奋起反抗,也是以一种令人窒息、毫不张扬的方式。比如理查德。他觉得妻子在公众场合鄙视他羞辱他;觉得妻子和妻子的两个女儿在经济上利用他。于是,他决定绝食抗议!可是,他最终放弃了。因为他的妻子和那两个女儿压根没看在眼里,反而对他极尽嘲讽。

家庭暴力

有人可能会说男性也有他们的应对方式,常常用暴力解决。男性常常沉默不语、置身事外,但是也会突然爆发,殴打妻子。我们已经在书中看到了不少类似的例子。并且家暴受害者的数量令人震惊。长久以来,女性默默忍受男性的家暴。而家暴几乎没有受到任何法律的制裁。我们不可能在几年之内扭转乾坤,更加不能否认女性的崛起打破了传统的性别认知,引发了"惶恐暴力"。大部分施暴男性都有明显的性格特征。他们没有基本的文化修养,心理也极其脆弱,"惶惶不可终日:害怕不被认可,害怕被抛弃,害怕不再被爱"。他们极度渴求幸福的婚姻,却总是无法从现有的婚姻中得到满足。而他们对婚姻的期待是什么?显然,期待甚高,却又不知该如何表达。于是,他们越发失落煎熬。但这不是真正引发他们动手打人的原因。而这正是我们关心的重点。因为,它与男性的沉默密不可分。"家庭暴力的男性沉默寡言。"他们不说话,因为他们不知该如何说,因为他们"没有能力将自己的想法表达清楚。妻子不停追问,不停指责,气氛紧张,一触即发"。惶恐和愤怒同时啃噬着他们。"不满、仇恨、抱怨日积月累,最终超越极限。"于是,他们动手了。

在很多阴郁沉闷的婚姻里,双方都饱受着内心的煎熬。丈夫的家暴往往是间歇性的,令人窒息。有时,家暴以其他方式表现出来(当然,这并不是开脱的借口)。奥利弗耶捶桌子,好让自己不打妮娜。家暴往往在一种比较特殊的家庭中产生。这样的家庭爱得激烈,充满激情、嫉妒。家暴是可悲的,甚至有女性因家暴而死。每三天,就有一个女性死在丈夫的拳头之下。这个令人震惊的数字也掩盖了另一个人们甚少谈论的事实。这个事实虽不至令人悲伤至极,但也引人深思:有时候,遭受家暴的反而是男性。并且比率比我们想象中高:家暴中,27%的受害者是男性。他们通常闭口不提,更不会为此打官司(10%的家暴受害女性会提起诉讼,而男性仅为3%)。

他们往往躲在自己的空间里，沉默不语。受害男性的身份经历千差万别。收入微薄、地位低微的女性受家暴的比率高于受过高等教育的女性。对男性而言，恰好相反。拥有研究生学历的男性也是家暴中的受害者，并且选择沉默。家暴中的女性值得同情，但是这样的现象也值得研究。

被打的男人

马克西姆·珈热受其妻家暴长达数年。他是个信息工程师，也是个体格健壮的男人。很长时间，他都对此保持缄默，直到他的书出版。这本书详细地叙述了他和妻子的日常生活，将过去的事情一一展现出来。显然，他不善言辞、沉默寡言，没有什么感情经历，也没什么性经验。命运让他遇见了娜迪亚。她和他截然相反，性格外向，控制欲强。她敏锐地意识到这是一桩好买卖，马克西姆是个好猎物（成功引诱犹豫不定的马克西姆上床后，她马上将他的积蓄占为己有，还收缴了其银行卡）。但是马克西姆默默接受了。他越是屈从，娜迪亚越是肆无忌惮。从最开始的耳光，到拳打脚踢导致马克西姆受伤入院，到最后真真正正的折磨（烧伤，刀砍）。最后，马克西姆住院治疗一百天。她砸烂他的电话，摔碎他的眼镜（他是高度近视），让他睡地板，等等。她的残酷简直到了病态的地步。

为什么在这里讲述这样一个夸张到近乎不真实的事情？首先，因为它的的确确存在，完全真实（法庭已经确认了马克西姆书中绝大部分事件的真实性）。其次，因为它传递了不少值得研究的信息。马克西姆的故事当然与之前女性受家暴的故事完全不同，但他和那些女性一样被困在了婚姻陷阱中。他没有一刻不想离婚，但是又下不了决心。当他回顾和娜迪亚的整段婚姻，才发现他错失了很多可以离开的机会。他害怕让娜迪亚和她的孩子们受到伤害，于是将离婚的事情一推再推。他始终暗含希望，婚姻才苟延残喘了许久。就像那些陷入婚姻陷阱的女性一样，他也被娜迪亚切断了与父母和朋友的联系。娜迪亚碾碎了他的自尊。他失去了任何采取行动的勇气。

在书中，我们已经看到，在传统的婚姻陷阱里，男性如何陷入沉默，女性如何尖声控诉她们的痛苦。马克西姆的故事里，婚姻陷阱的模式完全相同（他无法下定离婚的决心），但是，男女角色的调换让他们的反应不同于传统的施暴者与被害者。这里，被害者从不叫喊，连一声都没有。马克西姆自我保护的方式也带有传统男性的特征：他选择"自我消失"。我们甚至会思考，这种情况下马克西姆的沉默会不会更加如尖刀一样划在娜迪亚的心上。而娜迪亚，则变成了一个施虐狂魔，根本停不下来。

问题就在于此。娜迪亚放任自己，肆无忌惮地虐待丈夫。没有任何内心的道德底线让她收手，也没有任何来自外界的舆论压力让她收手。男性刽子手（不家暴的男性）在精神上纠缠妻子，自己也陷入沉默；女性刽子手则在癫狂的情绪中一去不回。邻居每天听到他们的吵闹？娜迪亚总有应对的借口。医生惊讶于马克西姆总是受伤就医。娜迪亚会编造故事。就如同庭审那天，娜迪亚巧舌如簧，最终得以毫发无损地离开法庭，连一天监禁都没有。

因为，马克西姆的事情违背了人们认知的常识（一个女人不可能把她的丈夫打到送医院就医）。人们无法想象这样的事情。于是，娜迪亚稍作辩解，便获得了信任。但我想强调的是，这种事实与传统认知的偏差无法拯救像娜迪亚一样的女人，她们最终会因自己的所作所为而陷入无尽的恐慌。因为她是女性，因为家暴中的受害者通常是女性，我们无法想象她们会成为施暴者。于是，她们的癫狂和冲动吞噬了她们周围的一切：丈夫、孩子、亲朋好友，还有她们自己。除了施虐时短暂而变态的快感外，她自己也陷入了无药可救的不幸。

一些风风火火的女性

娜迪亚是一个极端的例子，病态、夸张。但是，夸张的例子可以将一些特点放大。娜迪亚的形象非常极端，但是，它的存在让我们知道不是所有的女性都如想象中那样温和、顺从，甘心付出。绝大多数女性延续了这些历史悠久的优点(这也是为什么通常女性是家暴的受害者)。但是，这不能掩饰剩下的一小部分女性的特点。并且，她们的队伍正在发展壮大。这样一小撮人不是凭空而来的，而是时代潮流的产物。

男性和女性的形象并不总是一成不变、整齐划一的。他们并不像火星和金星那样天然对立。他们更加不只是生理上的区别。他们是时代变迁和身份认同的产物。当今社会，女性的存在方式有了全新的可能。当然不是所有女性都会以全新的方式存在。因为女性有无数种表现方式。尽管如此,对未来的颠覆很可能就始于现在。之前已经提到了二十世纪六十年代,女性身体的解放。这令男性震慑。事实上,这是一种深刻历史变化的表现,一种上升的历史轨迹,散发出生命的活力,操控的欲望和巨大的野心。整个二十世纪,女性的权利不断提升,由从属、顺从的地位到赢得和男性理论上的平等。日积月累,她们获得了新的权利,在男性主导的领域里取得了一席之地,在自己熟悉的领域里施展抱负。

这种历史性的上升并不仅仅是时代的背景,而是实实在在地影响了女性人格的建立,让她们变得更加充满活力,对未来更加自信。女性一直在赛跑。过去的她们似乎比男性冷静得多(我们甚至以为这就是女性永恒的标志)。但现在,她们开始加快步伐。她们做事变得雷厉风行,高效有序。而没有经历过这样一个历史上升期的男性则没有储存这样的活力。面对这一变化,他们一脸不解,疲惫不堪。他们试图让一切慢下来,尤其是家庭生活。

在职场和社会公务方面,女性的赛跑遇到了不少障碍。尽管已经取得了很大的进步,但是我们的社会还远没有实现真正的男女平等。男性仍然统治着经济和政治领域。但是,在非公共领域则不然。女性在人际关系和家庭方面有大大的优势。但是,她们不满足于这些领域的主导权。她们希望获得更多,继续颠覆传统,大胆突破,不断向前。在这些领域,她们并没有遭遇如同政治和经济领域里难以逾越的障碍。她们面对的是男性的拖沓与懒散。他们温和,但令人失望,无法达到期望值。希望越大失望越大。婚姻让女性失望。当然不是每段婚姻都如此,也不能说婚姻里只有失望。但日常生活中,时不时地小失望也能让人陷入痛苦。

二十年的调查

二十年来,在我每次关于婚姻的调查中,都能发现这种不易察觉的痛苦,那是希望幻灭的痛苦。这些调查涉及婚姻的方方面面:如何相遇,第一个清晨,小吵小闹,家务分配,或者是躺在同一张床上。现实好像从来没有达到过梦想的预期(男性很快便能适应,通过培养自己的兴趣爱好来转移对婚姻的不满)。甚至在结婚前,在寻找另一半的时候,女性(不是所有女性,绝大部分)和男性(也不是所有男性,同样也是绝大部分)的差别就已经非常明显。

最让我吃惊的是白马王子式童话的影响力。显然,被调查的女性都不相信生命中会出现一个童话般美好的白马王子。但是,她们还是会被这个美好的形象所吸引,并幻想一个白马王子般的丈夫。然而,现实生活却不如想象般美好。她们甚至会试图改变现实,让它变得美好一些。多好的计划!多年的调查让我得出一个非常清晰的结论:女性的幻想越多,现实中的爱情就越令人失望。她们要的是一个完美的男人,否则便一无是处。

塞西尔对我讲述了她幸福的单身生活:"我幸运地避开了婚姻。我可以不用每天为家务所累,不用和一个胸无大志的男人生活在一个狭小的房间里,不用忍受婚姻的慢慢煎熬。我一直有我的梦想，并且拥有自由。我热爱写作，热爱电影。尽管现在我还没有取得什么成就，但是我的生活充满激情。我无论如何都不会改变现在的生活状态。我可以和朋友们漫谈我将如何改变这个世界。我可以碰到无数有趣的人，度过一个个奇妙的夜晚。每天早上起来我都很清楚今天要完成什么事情。我对未来充满了无尽的期待。"马赫莱娜没有塞西尔那样的写作或电影计划，但她对生活也有着清晰的规划。她觉得十分幸福：经济独立，事业有成，交友广泛，社交丰富。她是一个男子足球俱乐部的主席，这使她在当地小有名气。男人呢？她活跃自信，男人们很难走入她固定的生活："超过四十八小时，我就不知道该怎么和他们相处了。"更何况她的要求极高："如果我要和谁生活在一起，那么他就必须能够带来我所没有的东西。但是，这很难！我不能接受平庸，要么出类拔萃，要么一事无成。我要活出自己的精彩。"

令人恼火的不满足感

但是，马赫莱娜的生活态度很偏激，像她那样的女性并不多。大多数女性都向往爱情，渴望建立家庭并生儿育女。那时的她们很少考虑伴随着家庭所滋生出的烦恼和压力。于是，她们全身心地投入婚姻生活。本书讲述的故事清晰地展现了婚后的生活。可是尽管如此，她们仍然深陷其中。现实与理想的差距将她们的不满和抱怨逐渐放大。在这个方面，女性往往比男性更加敏感。相较男性而言，女性更加容易陷入失望。男性几乎从来都无法令人满意，不管是在哪个方面：保持家庭整洁（他们总是乱丢东西）；夫妻关系和谐（他们完全不享受窃窃私语）；子女教育（他们无法树立权威形象）。

维吉尼非常气愤，数落丈夫的不是："我们有三个孩子，但我真的还想要一个孩子，我一个人照顾。他最让我恼火的是他的不成熟。这就是问题的源头。这种例子数都数不完：

——永远都心不在焉，我跟他说话，他要么没听到，要么两分钟之后才发出一个字："嗯？"

——脏袜子到处乱扔。

——我让他到超市买东西（他照做了，很不错）。我给他的清单非常详细（为了避免退换货，我详细地写清楚哪个东西买哪个牌子，在哪个货架），结果却总是有四分之一的东西得拿回去超市换。

——每次我说他，他也不找任何借口，只有一句教科书般的回答："你说的都对。"啊啊啊啊啊啊！我听够了这句话了！我宁愿错的是我。

——他从来不知道送我什么礼物。因为他从来不听我说话，既不知道我需要什么，也不知道我想要什么。

这些例子真的是琐碎不堪。所有的事情累加在一起，让维吉尼恼火：丈夫心不在焉，事不关己的态度；总是能躲就躲；能力平庸。但最让她恼火的是丈夫的"不成熟"，就像在和小孩交流一样。超市购物就是最好的证明：好像她是在教儿子，而不是和丈夫交流。可惜的是，她的丈夫从来没有变成熟。男人们永远都长不大，永远都达不到期望值。

不知该如何是好的男性

　　数之不尽的小事让女性的失望慢慢滋长。就拿做家务来说吧：现在，男女家务分工仍不平等。很多女性希望丈夫能够更多地参与家务。但是，有时丈夫们做了家务，却做不好：不是做错了，就是做得太晚了，反正达不到女性的要求。结果就是，女性被双重烦恼困扰，一方面生丈夫的气，另一方面生自己的气。做家务是日常生活中不可避免的事情，却无法平静地完成（当然不可能兴高采烈地完成，但至少要做到平心静气）。每次做家务，总会引来不少争吵。日常生活总能引发女性的诸多不满。亲密时光也是如此。

　　比如床这样一个象征着夫妻关系的地方。女性通常对夫妻亲密关系有很大的渴求。可是，一旦这种亲密关系不像她们想象的那样，她们便会改变决定：她们会要求更多的个人空间，甚至分房睡。原因繁多，掺杂着失望：想要更好地入睡；丈夫的身体不再那么有吸引力；想要掌控自己的欲望。"我完全不排斥性爱，"玛丽亚娜说，"但我总觉得它来得不是恰当的时候，也不是我喜欢的方式。他粘在我身上，我真的有自行解决的冲动。而我什么都没有说。就是这样的时候让我觉得分房睡也不错。"女性是家庭的轴心，她们渴望男性能花更多的精力在家庭上，渴望能和丈夫有更多的交流。但同时，决心要离婚，或者分房睡的也是她们。

独立自主的女性

女性离婚的决心意味着情况开始发生转变。在过去的几个世纪里，婚姻里的女性从来没有独立自主的权利。但她们却一心扑在家庭上，无条件地付出，只为家庭和睦，儿女幸福。但是，现在，女性对独立自主的要求日渐强烈。如果这个要求得不到满足，家庭的平凡琐事，夫妻的日常生活都会引发强烈的失望，最终导致爆发。而这个失望感并不完全来自丈夫，同时也源于她们内心被撕裂的感觉，以及无法让家庭往更好的方向发展的失落。长久以来，女性都在不断寻求更多的独立自主，可是却没有真正实现过。因为，即使在今天，她们仍然是家庭的轴心。这也是为什么困在婚姻中的女性会如此痛苦，会如此疾声控诉自己的遭遇。她们无从逃脱，这是时代命运使然。比如，当环境发生变化（搬家、换工作）时，艾莉斯心情会稍显轻松，因为她可以借此机会做出离婚的决定。然而，每次离婚的企图失败后，她仿佛就被压在千斤重担之下。一想到之前那么完美的出逃计划，她的心情便更加沉重。

大多数女性都被内心两个截然不同的声音撕扯着。她们为爱情和婚姻付出的越多，那个渴望独立自主的声音就越让她难受。那么，为什么不能抛开几个世纪以来女性固有的自我牺牲的形象和温柔如水的特性，勇敢地做自己：不再被家庭所束缚，像男性一样淡然又疏离地看待这一切呢？有女性认真地考虑过这个问题,她们采取的行动也不尽相同。但是,尽管有着相同的历史背景,女性并不都呈现出一个完全统一的先锋姿态。我也不认为她们对未来的女性身份有一个统一的看法。因为长久以来,大部分女性仍困在内心两个声音的斗争当中。要放弃已经融入自己生命的一段感情实在太难了。于是长久以来,大部分女性都被困在婚姻陷阱中。

女性权利的上升是婚姻里男性沉默的原因。而女性的痛苦则源自无法实现真正的男女权利平等。但是,我们不能忘了这样一个事实:没有两个故事是完全相同的。每段婚姻都有自己的特殊性。婚姻里,同样有男性痛苦尖叫,也有女性沉默不语。男女形象的典型化是为了让我们能够更清晰快捷地了解婚姻陷阱,而不是将其形象固化。为了避免陷入固化的圈套,是时候再次让故事说话了。让我们听听男性的声音。

男性抱怨纷纷

在某些场合下,男性是愿意表达自己想法的。一旦开始两个人的生活,他们的策略就是能躲则躲:他们害怕在交谈的过程中将一切问题摆上台面,无可回避。但是,在进入婚姻之前,当大家还处于相互吸引的阶段时,男性还是能说会道的。男性尤其抱怨女人们一些令人费解的态度。很多想要与传统形象划清界限的女性往往会持这种态度,为的是争取更多的自由。下面是皮埃尔给我的留言:"我不知道该如何向您表达我的疑惑,只能借您的调查提出我的疑问。多有打扰，敬请原谅。我年近七十，初到马赛，想在Meetic交友网站上找个……和我同龄的女伴。令我吃惊的是，网站上的交友信息多为：'女性，六十五岁，寻四十五岁至五十岁男性。'寻求一个比自己年轻的伴侣，我原以为只有那些对自己性能力信心不足的老先生才会如此，没想到女性也是一样！！！《法国猎人》里'好好先生'的时代已经一去不复返了，充满活力的四十岁万岁！"

尽管夫妻的年龄差距基本没有发生变化（男性一般比女性大两岁），但是不少成熟女性都想打破这个固有的偏见，颠覆传统，找一个比自己小的丈夫（很多男性二婚时就会选择一位比自己小的女性）。我都不记得到底有多少年过三十的女性记者想就这个问题采访我。为什么男性能做的事情，女性却不能做呢？很多方面，男女之间的不平等仍然是惊人的。比如家务分配。比如与性有关的一切事情。男性可以一夜征服好几个女性，而女性则不能。我做过相关调查，大家的看法不约而同：男女平等其实只是浮于表面（"女性拥有和男性一样的权利"），女性最终还是会受到行为不端的谴责。

温和男性的忧虑和不解

有一小部分大胆的女性要求获得享受身体愉悦的绝对自由。要求将性和爱分离，要求一夜风流的性爱，要求性爱像其他娱乐一样为自己所享用。她们希望找到能让她们高潮迭起的男性，向她们露骨地展露自己的"能力"，抑或带一点大男子主义的感觉。这本身就应该受到质疑。妮侬审视自己的行为，为什么她更偏爱"坏男人，而非好男人"？为了搞清楚原因，她和一位女性朋友以吕多维克为例讨论了很久。他是一个"迷人的男孩"，"超级浪漫"又"超级可爱"，可惜他身上"少了点什么"。她们聊啊聊，最后达成了一致。"事实上，'可惜'的是他太过温和，温和至极！和一个热情善良的男生交往就意味着以后能有一个白马王子般为你着想、为你付出的人。这很好，但也无趣。"妮侬想要的是"一个公开谈性的男人，一个看起来对你不屑一顾的男人"。

对这些温和的男性来说，他们内心存在着巨大的疑惑和不解。他们温柔贴心的行为举止备受推崇，可是在爱情中却一再受挫。热霍姆说他完全被女人们心口不一的行为恶心到了："大家都听过女人们的著名论调。我们听了，都信以为真，以为解开了人类社会最大的谜团：女人到底要什么？在我们涉世未深的时候，我们都听女人们说过类似这样的话：'我想要一个温柔、可爱，一心一意为我付出的男人。我可不喜欢大男子主义的情场老手……'每个男人对这样的话语都不陌生。看到一些'浪荡子'或一些在两性关系上十分混乱的男人常有佳人陪伴，甚至发表过以上宣言的女生都能被他们征服的时候，每个男人都惊掉下巴，愤恨不已。未经世事的男人们肯定会满脑子疑问：什么？为什么？这么一个没品的男人到底施了什么魔法得到了他想要的女人？但是谁都知道过不了多久，这些女人就会被甩，痛心地抱怨这个负心汉。她看不到她的身边始终有一个'好男人'。"

男性变得和以前不一样了

温和友善不是一个偶尔显现的心理特点。它见证了男性在家庭中新的地位，让他们尽情释放爱的能量。温和友善是家庭泛爱的内核，是温情小天地的基石。一言一行、一举一动均传递着温和友善，让家庭其乐融融。温和友善于男性而言，更多表现为风趣幽默。他们变成了家里的幽默大王和气氛调节者。正因为如此，他们甚至有了一套得心应手的搞笑套路。他们制造欢笑，同时暗自期望不要被"抓包"，不要面对妻子关于家庭大事小情的提问，也不要被逼着去解决一些棘手的问题。而女性也不明白自己的丈夫为何变成了这样，变得几乎都认不出来了。在她看来，丈夫应该保有一些传统的男性姿态。很久以前，男性就是父权。他给一家人带来安全感。他在孩子们犯错时厉声批评，甚至不怒自威。而现在，除了偶有保留某些权威，让他自己稍得舒适之外（比如，他会牢牢抓住电视遥控器），男性已经完全变了（当然是指在家里。因为在政治经济领域，他们仍然是主导）。他们更像是一个无忧无虑的小孩子，无需负担任何责任，只负责温和友善。但是，一旦家里不需要他制造气氛时，他便消失无踪。因为他害怕一切冲突和矛盾，害怕打破和谐的氛围和片刻的安宁。

我们正在经历的变革令人瞠目结舌。是女性将无条件的爱引入了家庭生活，是女性全身心地为家庭付出，是女性让家变成了一个温馨舒适的小天地。但如今，同样也是女性成了家庭的轴心，没有她们的付出，一切将不复存在。是女性承担了几乎所有的家务，是女性细心照料每一位家庭成员。可能正是因为她们毫无保留的付出，让她们在看到男性努力改变自己，并以自己的方式稳固地存在于这个温馨小天地时，感到了不悦。男性融入家的方式不易察觉，悄无声息，又忐忑不安。但是，他还是慢慢扎根于爱的土壤，不论顺境逆境，永远无条件地付出。身处顺境，他的付出被认可，成功地成为家庭欢乐和舒适生活条件的提供者。身陷逆境，面对失败，便用沉默将自己隔离，化为幽灵，默默祈祷情况能有所好转。当男性消失在沉默里，女性只剩下歇斯底里的叫喊。

无论如何，这个事实不容忽略：当一切消失的时候，他们也跌入深渊，只有对家庭的那份无条件的爱仍在。有人可能会对此提出抗议，说他们只是出于习惯，或是出于对未知的恐惧。但是之前故事中男性所表现的态度，他们的暴力，他们的骚扰和绑架都证明了他们确如自己所说：当妻子离开的时候，我才意识到自己是如此爱她。失去家庭，他们将迷失自己。孩子们也一样。无论家庭好坏，孩子的生活都和家庭紧密相连。我们永远不会放弃自己的孩子，即使他们令人失望。但是近几年，出现了一个惊人的变化：男性变成了家里的孩子。在关于家庭摩擦的诸多调查中，我都指出了这一点。

男性——孩子

孩童时代是不成熟的，同时也是无忧无虑的，充满欢笑和游戏。婚姻里的矛盾往往因角色的对立而引起。根据我的相关调查，主要的对立为：责任/散漫，严肃认真/玩笑娱乐。一边是对家庭大小事务认真负责的态度，以确保一切顺利；一边却是无忧无虑享受当下的态度。这样一种对立在某种程度上让婚姻正常有效地运转，但也会让对立的两边在各自的角色中越走越远，差距越来越大。很明显，对立的一边是女性，另一边是男性。

比如：男性比女性更爱玩，他们还像孩子或青少年一样，爱踢球，爱打游戏……研究数据表明他们拥有更多的休闲娱乐。并且，他们用于玩乐的时间越来越长。更值得揣摩的是玩笑和讽刺的运用(这是男性最爱的方式，以此来回避严肃认真的谈话)。通常，和孩子们商量事情或者批评他们时，父母会采取严肃的态度。而小孩子则企图打哈哈糊弄过去。其实夫妻之间也是如此。有时，甚至只有妈妈一个人持有严肃的态度，而爸爸则和孩子们形成统一战线，想要嘻嘻哈哈，蒙混过关。男性和孩子们有天然的亲近感，无论是哪个阶段的孩子。但他们尤其贴近青少年。这并不奇怪，因为他们自己就是没长大的孩子，有超长的青春期。男性能够将自己的家庭责任一推再推，无限地延长自己的青春期。女性则不能。起初，她们也和男性一样，可以享受无忧无虑的青少年时光。但是孕育孩子的责任让她们不得不迅速成长。家庭的责任感让她们很早就结束了青少年时期，迅速投入到家庭生活中。男性则没有这种生理上的紧迫感，还能够享受自己超长的青春期。

成千上万的彼得·潘

丹·基利[1]的《彼得·潘综合征》获得了巨大的反响。这未尝不是一种指示,让我们看到现代社会在这方面的困境。但是,这本书也有它的局限性。书中的研究对象是一个备受焦虑折磨,甚至心理病态的个例,他拒绝接受现实,无法建立正常的社会关系。这种类型的人肯定存在,但是本书中讨论的男性行为并不病态,且涉及面更广。这些男性——孩子在建立正常的社会关系上没有任何困难,尤其是在通过游戏和体育的方式建立关系时。和孩子相处也没有问题。他们甚至能和孩子之间建立一种亲密同谋的关系,有爱,又有趣。对此我们已经谈了不少。近几十年来,男性已经发生了翻天覆地的变化。但是,在家务分配方面,变化却几乎为零。他们依旧不怎么做家务,不怎么下厨,但却变得和孩子非常亲近。这也是为什么当法官将孩子判给母亲时,他们显得失落、不安和无奈。

但是,从历史上来看,男性的这个明显的变化其实并不奇怪。在男权社会里,女性通常和孩子站在一起。女性和孩子之间有着生理上的亲近,因为孩子们一般都由妈妈抚养长大,同时也因为女性长时间被看作是男权社会的弱者。现在,我们是否正在经历一场历史性的变革?没有。尽管在男女平等方面取得了很大的进步,男性却仍然把控着社会的核心领域(经

---

[1] Dan Kiley,美国心理学家。

济，政治）。即使在家庭生活方面，男性依然沿袭了一定的传统权威，如家庭重大决定仍由他们拍板，在家里自然而然拥有最舒适的条件等。女性呢，则继续保持和孩子的亲密关系。她们身处家庭生活的一线，是完全不可缺少的一部分，尤其当夫妻关系愈趋脆弱之时。婚姻生活的不稳定性日渐增强，男女在家庭角色中分工的差别甚至会愈演愈烈。

家庭里男性孩子般的幼稚态度呈攀升趋势，这是一个值得重视的问题。但是，这种幼稚态度是受环境影响的。男性只有在特定的场合和特定的时间才会变回小孩，才会让自己重回童年时光，去享受沉重工作之外难得的轻松。看到她们的"彼得·潘"丈夫越过底线，沉迷在幼稚行为中无法自拔时，女性便火冒三丈。尽管她们高喊男女平等，其实内心还是渴望一个能全方位保护她、照顾她的男性。一直幼稚不成熟的丈夫终于走出他们的童年世界，却一脚踏进大男子主义的泥坑。女人们简直要崩溃了。一半是孩子般的幼稚，一半是大男子主义的自大，这让人如何忍受。但是这些外在的表现不应该掩盖男性为家庭付出的事实，即使他们付出的方式总是显得笨手笨脚，抓不住重点。他们一直想要扮演好自己的角色。即使面对离婚的时候，他们还是努力地维持。

第四章 安东尼

一个说出自己想法的男人

男人们在其他场合还是会表达他们的观点,但是一般是在离婚以后。他们通常不知道发生了什么。他们真心真意地用自己的方式表达着对家庭的爱,他们和孩子们有着良好的亲密关系(因为他们自己就像孩子)。但他们其实仍然处于家庭的边缘,被认为是可有可无的。至少,不是不可或缺的。如果婚姻最终以离婚收场,并且夫妻双方发生了激烈的冲突,矛盾达到了顶点,他们可能在饱受痛苦的折磨后选择倾诉,说出自己的想法。这样的案例足可以写一本书,但将是另外一个主题。本书所关心的是婚姻关系存续期间夫妻之间的问题。可是,在这样的背景下,男性基本沉默,不发一言。

调查中,我也积累了零零碎碎的男性发言。可是这些言论太零散，太敷衍（很多是出于礼貌，不涉及任何实质性的内容），根本无法帮我们看清沉默背后的真实情绪。与其如此，还不如仅以一位男性为例。我正好有这样一个例子，他详细地描述了他的婚姻生活，想从中理清到底发生了什么。就像妮娜和艾莉斯一样。不同的是，关于男性，只有他一个人的故事。我们必须清楚地知道他不能代表所有男性。安东尼的故事本身不能代表所有男性的沉默，他只是一个个例。但是，通过仔细阅读他的故事，我们还是能够理解不少事情。与之前的几章一样，我的评论不会太多。前面一章里我已经做了太多的假设，提出了太多的理论，将男性和女性进行了典型化。现在，我只想让读者自己安静地阅读，做出自己的分析。

下面是安东尼的故事。

他看过我的《第一个清晨》。这是夫妻生活中的一段特殊时期，他非常想告诉我他在这个时期的故事。他还记得，在一次道别的时候，罗瑞坚持要和他住到一起。当时他的内心是慌乱又不知所措的。她当时还说要搬一些东西过来。"她觉得本来就该这样发展。她怕我不会认真对待这段感情。说真的，我当时真的比较害怕，害怕被这段感情拽着走。我当时完全没有准备好，完全没有。"他有他自己的生活，不愿意这个生活发生任何变化。于是，他陷入了焦虑，害怕两个人的生活会给他原本的生活带来巨大的变化。"但是我不想和她作对，不想让她难过，于是我暗示自己进一步发展也没什么。走一步看一步，就像打扑克一样。我当时甚至想着这也不失为一种体验婚后生活的方式。可是，我真不该这样想，不该做让步。"那时他28岁,有过几次感情经历和远距离的恋爱,但是却从来没有和女生一起生活过。但他还是鼓励自己,总有一天要进入婚姻生活,总有一天得放弃无忧无虑的单身生活。并且,他也喜欢罗瑞。但是一切进展得太快。她并不仅仅只是把牙刷放在了他家。没过几个星期,她已经将自己的物品摆满了浴室、厨房和壁橱。她已经把那里当成了自己的家。安东尼觉得自己被包围了,受到了威胁,于是他开始构建自己的城堡。只有在那个城堡里,他才能做他自己,做原来的那个自己。他不顾罗瑞的反对,继续和单身时的朋友们混在一起,继续沉迷于网络游戏。由于工作的原因,他每星期至少有一半的时间在另一个城市度过。"我把工作集中在星期二到星期五。事实上,我可以安排得更集中,这样我星期四晚上就能回家。但是从一开始,我就非常需要这个距离感,到后来我也一直没能打消这个念头。"

求婚

安东尼的想法很值得研究。他过着双重生活(在工作的城市里过着单身生活,周末则是两个人的生活),他可以比较。他本来就想体验一下婚姻生活,做个尝试。这种双重生活应该是一个不错的情况。可事实并不如此。和罗瑞一起的生活并不十分和谐。因为罗瑞不停地数落他,抱怨他不够关心她,抱怨他和朋友出去玩而把她一个人留在家,抱怨他总是玩游戏。"我想,她说得有道理。如果我选择了两个人的生活，就应该过真正的两个人的生活。我得改变。这对我来说十分痛苦，就好像一段无忧无虑的少年美好时光的终结。我痛下决心，与过去告别，向美好的未来出发。"

但是，他不知道该如何做。像一个戒不了毒的瘾君子，他无法想象如何跟朋友们说不能再和他们玩耍了，无法想象戒掉网络游戏。"我想着得有个事情逼着我前进。然后，鬼使神差地，我想到了结婚或许能让我解决所有的困难。我想象自己结婚了，成为已婚人士。这个想法也不错嘛。并且，它能让我改变现在的生活。我想着如果我求婚，罗瑞应该也不会拒绝。"

她的确没有拒绝。但是，她的反应完全出乎安东尼的意料。她哈哈大笑，鄙视地看着他！她当他是一个满脸青春痘的男生，告诉他首先得停止和那些朋友的来往，停止网络游戏，之后才能像一个成年人一样做成熟的事情。"她当初几乎逼着我一起住，可现在她却来了个急刹车。我完全不明就里。"罗瑞说话的声音变大了，语气干涩，近乎生气。安东尼觉得她的话十分模糊。她大声说话是不是想要驱赶内心的游移不定或是心绪不宁呢？她大声说话是不是想要让自己充满底气呢？她是不是非常依恋他，或是仍在考虑，所以总找借口斥责他，随时准备离开？"我曾尝试去了解她到底在想什么，可是没有成功。她可能想要一切，包括坏的方面。我身上肯定有让她讨厌的地方，但是她还是喜欢我。"

克洛伊

一切偶然绝非偶然。心向往之，事情才会发生。否则，不会掀起一丝涟漪。关键在于自己。如果安东尼没有这些疑惑和烦恼，他和克洛伊之间什么都不会发生。他们是同事，她开了一个一语双关的玩笑，而他立刻给予了回应。于是，他们两个就陷入了一种暧昧不清的关系，甚至可以说瓜田李下。"一切电光石火，水到渠成。简单、快乐、无忧无虑。她年轻，笑起来像个小姑娘。我为她疯狂。"他们的关系持续了好几个星期。安东尼说这段经历让他更好地看清形势，更清晰地对比这两种生活。其实，我不理解安东尼的做法。他不停地感叹和克洛伊在一起是多么幸福，完全不同于和罗瑞在一起时的紧张状态。但是，他决定结束这段冒险，继续和罗瑞生活在一起。仿佛婚姻生活就是一种牺牲，不可能愉悦，但却是成长为成年人的必经之路。他觉得他必须得强迫自己，接受忧愁，放弃青春期的各种享受和美好。克洛伊成为了他最后的喘息，最后一次无须负任何责任的游戏。在此之后，他便要和过去说再见，将这单身生活在婚前埋葬。

现在我们来看看他们的婚礼。上次求婚遭受嘲笑之后，风平浪静地过了两三个月，他们谁都没有再提结婚之事。直到一个星期天的中午，他们在罗瑞父母家吃饭。安东尼很喜欢罗瑞的父母，他们和传统的老夫妻一样，温柔亲密。在他们家，安东尼非常放松，就像他也是他们家的孩子一样。"很奇怪，和罗瑞比起来，我似乎更享受和她父母在一起。毫不夸张地说，在他们家，我感到特别舒服。而且，罗瑞妈妈做饭超级好吃。可是，罗瑞在她父母面前却总是充满警觉。很多时候她都显得很敏感。奇怪的是，她父母的表现也并不自然。"我不知道他们之间到底发生了什么，也从来没问过罗瑞。看起来她总是被拿来和她姐姐进行比较。很多家庭都有这种情况。很多小孩子都觉得父母对兄弟姐妹更加偏心。只要父母表扬了自己的兄弟或姐妹，那就是对自己间接的否定（说他/她做得好，当然就是说我做得不好喽）。

一道闪电

那顿饭是四月份的事情。当时，罗瑞的姐姐正在筹备她六月份的婚礼。她的妈妈兴奋不已，围绕着婚礼说个不停。突然，她意识到罗瑞不搭话了，脸色阴沉，只有冰冷的沉默。"她好像说了句类似'你啊，你还有时间'之类的话。她原本想维持平衡，不伤害罗瑞。"出乎所有人的意料之外（也包括安东尼），罗瑞立刻回了这样一句话，如同一道闪电划过："好啊！惊喜很快就会出现！"之后，她拒绝做任何解释。

她为什么这么说？她为什么这样言辞闪烁地突然提及令她如此嗤之以鼻的求婚？是因为说的比想的快？是因为她的嫉妒，就像小女孩努力得到父母的重视一样？安东尼迫不及待地想上车回家，希望得到一些解释。可是，她只是沉默，没有给出任何解释。女性也会运用沉默。20分钟的车程，他们没说一句话！气氛变得令人难以忍受，捉摸不透。我问安东尼是否要求罗瑞做出解释。"我一句话都没说,谁都没有说话。不知该如何打破沉默。我非常生气,却也不发一言。她不应该给我一个这样的打击,却不做任何解释。我问自己,还要不要继续和罗瑞在一起。"安东尼最终都没能打破这个沉默,但是到最后,他也逐渐平静下来。这个事情让他开始思考:和罗瑞组建家庭会不会是一个错误?和她在一起摩擦不断难道不是某种预示吗?

但是他的疑惑没有持续多久。几天之后,这场不愉快就被淡忘了。罗瑞的父母也捕捉到了这隐藏在平静表面之下的暗涌,不再追问此事。他和罗瑞又继续他们不那么和谐的二人世界。即使有交流,也只是日常琐事。于是,安东尼开始反省自己,觉得他和罗瑞关系的恶化,自己负有很大的责任。他并没有想到和克洛伊几个星期的风流(对他而言,这一点都不重要,他宁愿忘记),他想的是一些"个人的事情"。"不得不承认,我留给自己太多的个人空间:狐朋狗友,外出酗酒,网络游戏(很多朋友都是通过游戏认识的)。"他果断地和朋友们保持一定的距离,不再那么频繁地厮混。他甚至会开一些玩笑,尝试给灰色的二人生活带去一丝欢乐。很多时候,罗瑞并不待见这些玩笑。他想让家里充满温情。总之,他尝试用自己的方式缓解家里的紧张气氛,用自己的方式表达对家的珍惜。

营造一个温馨的小天地

他觉得家里总是弥漫着紧张的气氛。"每天至少对我指责不下十次。我仿佛回到了总是犯错的小男孩的状态,笨手笨脚,冒冒失失。"很多男性都会用他们的方式为温馨的小家添砖加瓦。幽默风趣和轻松搞笑是他们的惯用手段。而安东尼做的不只是添砖加瓦这么简单,他简直就是在为一个虚幻的温馨天地奠定全部的地基。安东尼的全心投入本应该带动罗瑞,一起建设他们的温馨小家。可是,她并不参与,只是远远地冷眼看着,辅以冷言冷语和挖苦讽刺。

安东尼为什么不问罗瑞到底在想什么?如果她对他们的二人生活如此不满,为何不分开?更何况安东尼自己也过得不开心。花了这么多心思,做了这么多努力,却没有得到任何肯定。安东尼重新开启"个人的事情"。他不再刻意减少个人的娱乐。"星期天早上,我会骑自行车锻炼。不下雨的话,我骑到中午才回家。晚上的时间完全属于我一个人。我凌晨才睡觉,罗瑞早就睡了。"不断增加的个人时间能帮助他平静自己的情绪和愤怒,获得短暂的平衡。

我完全理解安东尼的态度,也知道沉默是男性面对夫妻紧张关系的常用手段。但是,在他们悄无声息的矛盾中,罗瑞一直保持沉默。安东尼没有采取任何措施让她做出解释。"其实我尝试过。最开始,我尝试过。她在她父母面前说的那句话简直莫名其妙。她想表达什么?我以为她说了这句话之后马上就后悔了,所以她不想再提这件事情。她还说她说的那句话非常愚蠢。但是当我想和她讨论这个事情的时候,她却对我置之不理,拒绝谈论。有时候她甚至会提高声调发出'啵啵'声。这是一种拒绝交谈的方式,而我也不想和她比谁的声音大。"

安东尼对我推心置腹,说在经历了多次无果的尝试之后,他都没能够让罗瑞做出任何解释。于是他也开始沉默。在男性惯用的逃避策略里,他回避一切正常的交流,以免引发任何冲突和紧张的气氛。他们仅有的交流仅限于邻居般的问候,礼貌而疏远。"我们终于开始重新说话。在YouTube上看到搞笑短片时,我们会笑作一团。这非常不可思议,让我们之间的关系缓和了不少。"

突然的爆发

这样的生活无惊无险地持续了四个月,直到罗瑞姐姐的婚礼。直到那个时候,真正的悲剧才发生。婚礼的前一天晚上,罗瑞无法入睡。她辗转反侧,然后突然开始哭泣。安东尼问她发生了什么事情。"她对我大叫一声:'没什么!'之后就走进了浴室,把浴室的门狠狠地关上。我完全慌了。我不知道她在想什么,真的害怕她会自杀。她从来没提过自杀,但是我突然觉得她有可能这样做。于是我大声叫她,而她没有回答。我撞开了门,大约花了三十秒。这三十秒,她什么都没说。可是一旦门被撞开后,她便开始尖叫。"

她总算开始大叫,并做出了解释。但是,对安东尼而言,这些看起来都非常可怕。"她骂我无能、白痴,极尽羞辱之能事。她说我让她陷入了乱七八糟的生活之中,她说她不想过成现在的样子。"安东尼压根没想过罗瑞的沉默背后掩藏的是对他满满的憎恨。罗瑞的恶言恶语让他一时不知如何接受，令他震惊甚至崩溃。他用平静的语气问她为什么不早说。"她开始新一轮的尖叫，无头无尾地说出了很多事情，我不知所云。她认为这些全是我的错，说她完全无法和我交流。"安东尼沉默了片刻，好让她平静一下。然后用温柔的声音跟她说话。可是她完全听不进去，喊叫的声音越来越大，骂他，侮辱他。"她大叫：'可怜虫！'只要我一开口，她就切断我的话，大叫：'可怜虫！可怜虫！'"但是，她却回答了他的一个问题。他问她为什么跟她的父母提到结婚，那个著名的"惊喜"的言论。"她说是我先提结婚的，是我先提出这个愚蠢的想法的。我跟她说这完全是两码事。我提结婚，但是她已经拒绝了，并且无情地嘲笑了我。可是没头没脑地，她又跟她父母提了这个事情，并且完全没有跟我商量。她又开始大叫'蠢货，蠢货，蠢货'，我完全无法再开口，她不停地大叫'蠢货，蠢货，蠢货'。"

"我成了一个空壳"

婚礼当天简直就是灾难。我们两个人都想做一下表面功夫，但是没有成功。罗瑞的浓妆无法掩盖她的煎熬，安东尼也没能表现得若无其事。"周围的人其实都感觉到我们之间的尴尬。可能甚至有人觉得我们俩已经不相爱了。是啊，可能对我们俩来说，爱情在那一天消失也许会更好。"

因为，接下来便是典型的婚姻陷阱。只不过，这里的主要受害者是男性。和其他男性一样，他面对困境的方法不外乎传统的那些方式（沉默，逃避，保持距离）。但是，他和书中提到的其他女性一样，陷入了婚姻陷阱。和她们一样，他也无法下定决心离婚，默默期待明天会更好。他的自尊心被击垮，活力所剩无几。罗瑞姐姐的婚礼已经过去快一年了，他们的二人生活仍然在尖叫、沉默、不解和隐忍的憎恨中继续着。罗瑞越来越易怒，但是再也没有像那天晚上那样在浴室里辱骂他。取而代之的是频繁的叹息，以及欲言又止而又充满深意的只言片语。安东尼的"个人时间"越来越长，整个周末，就算下雨，他都不待在家。他仍然在努力，让他们的交流更加冷静。但是他再也不妄想让家里充满欢声笑语了。他们的生活是灰暗的，极其可悲。"气氛压抑沉重，这就是我们之间最好的写照。每天，我们都像在葬礼上。"

最可怕的是入睡的时间。他尝试过一些温柔的举动。但是她果断地甩开了他的手。他们不再做爱，不再有任何身体接触。我问他在克洛伊之后还有没有其他的感情经历，他有没有想过。"想过，但也仅仅只是想想而已。因为现在的我已经没有能力再做什么。我被榨干了一切的欲望，只剩空壳。我的内心已经枯萎。"我还问了一个问题：为什么不离开罗瑞？"离开也需要精力，而我现在已经被掏空了。可能是因为我怕她，怕她大喊大叫。有一天我肯定会离开。但是我需要积蓄力量。但那时，离开的人不应该是她吗？是她叫个不停，是她嫌弃这乱七八糟的生活。该走的人是她啊！她为什么不走？我一无是处，她为什么不走？"

结　语

　　安东尼之所以深陷痛苦,是因为他不能当断则断。从他认识罗瑞开始,就一直被牵着走,被动至极。还有他们的爱情,盲目又固执,顺境逆境皆如此。但不能忽略一点:当今婚姻的一大问题就是无法全情投入,这是时代之伤,放在第一位的永远是个人的独立和自由。我们非常害怕失去,所以我们越来越怕开始两个人的生活,单身人群变得越来越庞大。人们想要成双成对的幸福,又想继续保留个人空间,不愿失去自我。一旦出现任何问题,人们便将责任推到别人身上,然后心安理得地回归单身。很多夫妻的分手都太过草率。

　　另一个极端也令人震惊。当婚姻陷阱逐渐形成时,有人却要拼命保住婚姻。二十世纪五十年代,社会的行为规范是不论幸福与否,一生只有一个伴侣。著名的说法"不论顺境逆境"就是由此而来。这是婚姻承诺坚不可摧的力量,让两个人携手走过人生的高低起伏。这是一种大家都认可的婚姻态度，它让人拥有生活的艺术和智慧，让最初的激情慢慢演变成相濡以沫，举案齐眉。现在，时代变了。每个人都充满了为自己寻找幸福的使命感。于是一旦婚姻不顺，便幻想出许多人生的可能性。一旦觉得婚姻是在浪费人生，便毫不犹豫地结束婚姻。现代婚姻陷阱的特殊之处便在这里。在这个婚姻速食的年代，对承诺的坚守显得格格不入，更何况承诺已经没有任何意义。近亲好友的不理解，与主流价值观的背离也让陷入婚姻陷阱的受害者倍加痛苦。并且，他们内心坚持的想法与时代潮流相去甚远，令他们彷徨失措。没有任何语言能够还原他们是如何滑向痛苦的深渊的。

婚姻陷阱

尽管与时代潮流相悖，婚姻陷阱却是广泛存在的。不少人都或多或少经受着婚姻陷阱带来的痛苦。这里，我想说的并不是婚姻生活中普通的夫妻拌嘴怄气，或是对自己没有的生活的向往。两个人的生活从来都不是一帆风顺，风平浪静的，它有高低起伏，有开心和痛苦。爱是维系两个人关系的重要纽带。

我也不会在这里展开分析让很多人走不出婚姻陷阱的经济原因（住房、收入等）。当然，下不定离婚的决心，也可能是因为矛盾和痛苦没有到忍无可忍的地步。这时，配偶就成了住在同一屋檐下的陌生人，没有半分情爱的意味在里面了。夫妻双方（可能只有一方）渴望离婚而不得。他们就这样得过且过，既不是甜蜜温馨的夫妻，也不是撕破脸皮闹离婚的夫妻。克洛德·马丁（Claude Martin）、安德鲁·齐林（Andrew Cherlin）、开兰·克罗斯—巴赫奈（Caitlin Cross—Barnet）都深入剖析过夫妻之间的这种状态。根据他们的研究，这种状态的出现不外乎三个原因：经济问题（否则，他就只能流落街头）；共同抚养孩子（为了孩子共同生活）；外界的眼光（保持一个完整家庭的形象）。在这样的状态中，女性的需求第一是经济支持，第二是丈夫扮演好父亲的角色。而男性的需求还包括性伴侣和家务帮手：被打理得井井有条的房子和被伺候入睡。在这样一个特殊的状态下，夫妻双方都小心翼翼地避免产生难以收拾的争吵和危机。相反，如果夫妻之间明确表态爱情已死，那么事情会简单得多。以雅思曼为例。她拟定了一份合同：她的前夫，孩子们的父亲，如果想继续住在家里，就必须照顾孩子，并承担一部分房租（"你付钱，就可以留下来"）。托妮亚的丈夫则变成了她的"沙发客"。当夫妻情分不再，而当事人却仍存幻想时，事情才会变得复杂无比，纠缠不清。

　　本书讨论的真正的陷阱和这种混乱的共处一室不同。婚姻中纠缠不清的痛苦和骚扰让夫妻双方都跌入无尽的深渊，无法逃脱，如同命中注定一般。这就是婚姻陷阱的特点。一旦生命的活力被耗尽，生活就变成了一个无法逃脱的命运，无法抗拒，亦无从回避，半点由不得自己。婚姻陷阱由此形成。一开始，另一半肯定做了不少打击配偶自尊心的卑劣之害者往往仍然对施虐者毫不计较，继续一往情深，真是令人叹服，却更是致命的软肋。因为在当今社会，自信（一个人独立自主的关键）建立在别人的眼光里。将所有的爱倾注在一个不值得的人身上，反而会引起心理上的不平衡，更会招致痛苦和灾难。在当今社会，无条件的爱对夫妻而言是不够的。尽管它仍是夫妻关系的基础，但是维持夫妻关系还需要时不时的小火花和清醒的洞察力。爱情一旦失去，两个人的生活便随之变成了地狱。

爱的信息

爱情不再，那么随之消失不见的，还有支撑爱情的黄金法则：亲密无间的同盟；相互认同；相互信任。本书中描述的那么多悲剧的场景（那么多愤怒，那么多仇恨）不正是反面的例子？即使配偶已经心死，可她们还想按照正常的婚姻轨迹行驶。

在弗朗西斯科·阿尔巴洛尼[1]关于夫妻与爱情的经典著作中，他化身为情感生活中极其细腻的观察者，提出了一个广为认同的观点：在恋爱的激情过后，夫妻双方便成为一个世俗的共同体，重复着每天平淡的生活。这种观点其实并不正确，但它所带来的效应是灾难性的。当然了，夫妻日复一日的共同生活能固化他们的关系。重复的生活轨迹本身并不是问题，生活中的仪式感更加不是问题。有时候，这些反而能让生

---

[1] Francesco Alberoni，意大利社会学教授，记者。

活充满幸福的感觉。固有的生活轨道能让生活有重心，能减轻人的精神负担，能够让紧张的心绪稍作放松。只有当这些重复的事情填满了日常生活，影响了夫妻的正常交流和相处时，才变得累赘不堪。通常，夫妻之间的关爱能够防止他们的关系滑向点头之交的深渊。一句贴心的话，一个貌似毫无意义的动作，都能传递出夫妻之间相互认同、相互尊重的亲密感。这就是黄金法则的重要性。唯有这样，爱情才会在互相关爱的良性循环中继续得到滋养，哪怕已经结婚五十年了。如果没有黄金法则做基础，夫妻感情最终只能被日常琐事消磨殆尽，只剩满眼的愁绪和满耳的抱怨。

有时候，婚姻生活既没有达到美满和谐，宛如天堂的完美状态，也没有破裂到离婚的地步，坠入地狱。介于两者之间，就免不了要经受很多磕磕绊绊。一开始，婚姻陷阱初现雏形。婚姻中的一方忍受不了沉闷的婚姻，为了达到心理平衡，便开始对配偶进行精神上的折磨（有人通过指责和叫喊的方式，有人通过置身事外、保持沉默的方式），务求命中对方的自尊，从而巩固自己的自尊。于是，黄金法则的反面：冷漠、鄙视便汹涌而来。至此，婚姻陷阱的链条被启动，逃生之门被关闭。

有人会说这本书充满了黑色消极的一面，令人抑郁。不可否认，书中描述的痛苦非常可怕，夫妻之间的不理解也令人难以忍受。但是，这本书还可以从另一个角度来理解。困在婚姻陷阱中的夫妻（或者说水火不容的夫妻）并不是社会的主流，只是一小部分。绝大多数夫妻都营造了一个温馨的小天地。书中的故事历数婚姻生活中的种种摩擦，反而让我们看清眼前生活中的点滴幸福，让我们感受到日常琐事中的爱是多么可贵。千里之堤，毁于蚁穴。很多时候，婚姻关系的恶化仅仅因为一颗极小的沙砾，甚至都没有人意识到它的存在。我们应该对这种沙砾抱有警惕之心，不能枉送了美好的婚姻生活。

不论是对男性还是女性，婚姻陷阱都有着相同的吞噬力。当内心遭遇最残酷的崩塌的时候，背弃婚姻的黄金法则只能招致配偶的嫌恶，暗地的骚扰也只能逞一时之快。如果配偶予以反击，那就是公开撕破脸。如果配偶像没事一样不做回应，或者只是单纯地期待以后会变得更好，那艰难的婚姻之路就开始了第一步。婚姻陷阱开始形成。

女性的呐喊和男性的沉默

我本来应该沿着一条主线写这本书的，那就是婚姻危机。它毫无头绪、错综复杂，摧毁人的自尊，耗尽人的精力。但是，我的调查显示了男性和女性在婚姻中的角色是不一样的，于是我又开辟了另一条思路。我的博客上，女性的回复如雪片般飞来，我甚至一度认为婚姻陷阱是单向的。女性的确常常处于婚姻受害者的地位，更何况受限于经济原因和物质条件，她们微薄的工资不能给她们摔门而去的勇气。同时，她们身处家庭生活的第一线，无法像男性那样保有自己的个人空间和时间，获得短暂的喘息机会。于是，她们需要倾吐。并且，女性总爱幻想，幻想自己没有的生活。相形之下，她们真实的生活便更加平庸。女性比男性更容易困在婚姻陷阱里。这也是这本书的题目选取女性视角的原因。

但是，男性和女性的角色有时候也会颠倒：女性折磨男性，而男性死守着爱情的残渣，不肯放手。这种类型的故事只有一个，非常详细。有两点我们要牢记。第一，当家庭矛盾爆发时，男性只会一味地沉默，而女性则开始高声说话，甚至大喊大叫。贝奈蒂特被困在陷阱中，痛苦不堪。她承认自己对丈夫"报复心太强"。依莱娜无法控制自己，大吼大叫："我也觉得很羞愧，和他在一起就会大吼大叫。我总是辱骂他，让怒火（我大叫，但是不动手）变得一发不可收拾。"尽管困在婚姻陷阱中的女性占大多数，但这并不代表男性就不是婚姻陷阱的受害者。第二，男性以自己的方式越来越重视家庭并为之付出。在这个玩世不恭、自私自利的无情社会里，这种不计回报的无条件的爱更显珍贵。总体来说，这种无条件的爱拯救了我们。但是，有些人却为之付出了巨大的代价，尤其是当这种爱变成了困住婚姻的帮凶的时候。

男性/女性

我已经说过多次，再强调一遍：男性和女性并不是形同水火、不能相容的对立面。每个人都是一个特殊的个体，与别人不同。随着历史的发展，个人独立自主意识也慢慢增强：以前，性别决定了男性和女性的行为规范。而现在，我们越来越不受到性别的束缚。不是所有男性都沉默寡言。即使不说话，他们处理问题的方式也不尽相同。同样，不是所有的女性都爱大喊大叫。比如罗瑞就以沉默的方式来承受她的痛苦。

这些并不妨碍我们用对立的模式来研究男性和女性。马克思·韦伯（Max Weber）是社会学的奠基人，也是这种研究模式的首创者之一。在关于新教的伟大研究中，他第一次提出这种研究模式。新教徒有千千万万种形式，男性和女性也一样。但是，我们可以从千差万别的男性和女性形象中提炼出他们各自的典型，以便帮助我们更好地理解问题。韦伯将新教徒形象典型化是为了展示宗教伦理和"资本主义精神"之间的联系。我根本无法和韦伯比肩，因为我的研究所得和他的成就相比太过渺小。但是，典型化是一个非常有效的手段，男性—女性的对立给了我们一个了解婚姻的绝佳视角。通过本书我们可以看出：婚姻陷阱一旦形成，男性和女性的典型行为就凸显了出来。

他们的典型行为并不意味着能够轻易解读其内涵（这能够帮我们避免形象的固化）。因为社会在变，男性和女性也正经历着深刻的历史变化。如何做女人和如何做男人都没有固定的模式。于是，男性和女性的对立也有着多种形式。

从男性的角度来看

让我们从男性的角度来看一看。漫长的传统和历史将男性的形象几乎定格。人类社会的初期阶段总是把男性和火、战争、权力以及孔武有力联系在一起。弗朗索瓦兹·爱赫提耶[1]对此做过深刻的论述，这是一段对后世有着几千年影响力的时期。而就在最近几十年（在历史长河里，这不过是沧海一粟），这一切居然在我们眼前土崩瓦解，取而代之的是和之前完全相反的模式：男性变得温和柔软，变得像小孩子一样贪玩。这一切变得太快，太快了。女性之前的确一直指责男性太过大男子主义，并翘首期待这个变化的到来。可是，面对今天的变化，她们似乎又有点留恋过去。当男性变得不再那么刚强，甚至绵软柔弱时，女性又想找回"真正的男人"。在这样一个对身份极度敏感的社会，不同的群体之间界限分明，对立明显。经历了男女平等进程中的巨大进步之后（这个运动反而需要男性和女性的特性变得更加温和），我们现在有轻微的后退的趋势。我可以将其总结为：几百年里，男女地位从未发生任何变化。突然，男女地位颠倒，而最近，这种变化又开始变得摇摆不定。男性的特征正经受着重新定义和构建。每个男性都有自己的特点。有些男性仍旧沿袭传统，他们往往比较脆弱，习惯用粗野甚至暴力的方式表现他们的男性特征。另一些男性则完全变成了典型的不操心、不着急，游戏人生的形象。这种男性总是走在潮流的尖端，他们宣称恰到好处的大男人主义反而会让女性很受用，也是非常时髦的事情。

---

[1] Francoise Heritier, 法国人类学家，民族学家。

从女性的角度来看

再来从女性的角度看看。女性通常被比作水。一直以来,她们都和家务以及家庭活动紧密相连。成百上千年以来,她们一直是家庭的轴心。她们无私的付出让家庭变得温馨和谐。必要的时候,她们会时不时地"敲打"一下男性,让他们回归到家庭的温馨小天地之中。左拉对她们进行过细致的描写,给出过很高的评价。十九世纪的道德家们也不断地借助教科书和宣传册来宣扬完美的女性形象:慈爱的母亲,沉稳持重,温柔体贴,对丈夫关怀备至。当然,不是所有女性都如此。也有不少性格强势、专横跋扈的女性。即使这样,她们也不会逾越本分,仍然会履行女性应有的家庭职责。

当今社会流行的不再是这种坚忍顽强的性格。历史的车轮将女性的自我意识带到了新的高度,她们想要实现独立自主。她们要摒弃原来软弱顺从的性格,也不满足于只围着家庭打转。以前的家庭之所以能够正常运转,完全是因为女性无怨无悔的付出。现在,女性的人生轨迹截然不同:从小就树立了强烈的自我意识,学习成绩比男性好,工作上也比男性优秀。而这些都使得她们并不愿意完全被家庭所束缚。通常,一旦过了三十岁,她们的内心便会掀起一阵暴风雨,对未来充满了恐慌,害怕不能拥有一个美好的家庭。于是,女性便开始在一个截然不同的生活里摇摆不定,并努力平衡独立自主的新角色和默默付出的传统角色。如此一来,很多女性的内心就如同被撕扯一般。本书中的故事其实就是这种撕裂感的见证。

但是，一小部分女性选择不退让，即使到了生育年龄，她们也不向传统屈服。她们在挑选丈夫的时候异常挑剔。如果结婚意味着平庸和隐忍的生活，那么她们宁愿一直单身。并且，结婚本身不是什么大问题（现在很多人都不需要婚姻），重要的是两个人一起养育孩子。根本的问题是孩子。在很多欧洲国家（法国女性相对好一些），一些女性为了不被家庭琐事捆绑，干脆选择不要孩子。一些女性和丈夫建立了一种全新的生活模式，她们自信、大胆、独当一面。这种模式有时甚至略带挑衅。在追求男女平等的时代大背景下，这种生活模式是完全被接受并受到法律保护的。几十年的女权运动仍然没能让家务平均分配，也没能让女性拥有像男性那样对性高谈阔论的权利。这背后的缘由的确值得人们好好思考。越来越多的年轻女性试图将自己从传统的女性身份中解放出来，不再一味温柔和顺从。必要的话，她们还会放弃女性天生的温柔，因为温柔是建立小家庭的基础。在女性如此挑衅和戏谑的口吻背后，是她们散发出来的令人难以置信的冷漠和无情。这完全是几百年来女性温柔贴心形象的反面。

复杂多变的身份

长久以来，男性和女性有其固定的定位，并构建了他们之间的交换方式：一边是权力、勇气和金钱，另一边是温柔、体贴和自我牺牲。而现在，男性和女性的身份都发生了变化。这种变化有时候能让他们的位置颠倒,让女性变得专横粗暴,而男性变得内敛被动,甚至在被妻子殴打后都沉默不语。当然,被妻子殴打的情况只是个例。典型的情况如书中所描述的一样,女性被困在婚姻陷阱中,痛苦尖叫。她们无法离开曾经视若珍宝的婚姻。而大部分的情况则复杂又模糊,男性和女性在新旧两种身份中穿梭不定,希望找到一种混合式的平衡。

容我最后再说几句。一个文本只有被读者阅读、理解并运用才有意义。在这一点上,作者没有任何管束的权力,也不能命令读者以何种方式解读这个文本。一旦进入读者的视野,这个文本就不再属于作者。但是,请允许我表达自己的希望:恳请大家不要借用这本书草率地做出关于婚姻的任何决定,不要一味指责对方的过错。每个问题的产生都不是孤立的。一个巴掌拍不响,问题不单单出在一方或者另一方。我们要谨记,婚姻陷阱的形成是相互作用的产物,夫妻双方互相折磨才使得整个婚姻滑向无法挽救的深渊。把所有责任归结到一方的身上只能让情况更加恶化。如果婚姻还能够被挽救的话,唯一的方式就是通过每一天、每一件小事去修复夫妻之间的信任裂痕,重新建立夫妻间的亲密同盟关系。一句话,一个动作,都可以慢慢传递出温柔的信息。只有这样,从一点一滴看似毫无意义的小事做起,才能够让夫妻间的交流逐渐正常化,才能够让即将沉没的婚姻之舟重新扬帆起航。

除非婚姻陷阱已无逃生之路,已经让人看不到任何希望。那么,就不要再有任何幻想。

那么,就离开吧。

最新消息

在本书完结之际，我试着联系书中故事的主人翁们，看她们情况如何。

妮娜再也没有回复过我的邮件。我不知道为什么，也不知道她发生了什么事情。

安东尼找到了一份新的工作，在很远的地方，另外一个国家。他没有和罗瑞继续生活，但是他不想解释原因。他已经翻篇了，努力想要抹去生命中的这一段经历。

艾莉斯仍然深陷婚姻陷阱之中。最新情况：她还是希望她的婚姻能够重回正轨，同时，她也没有忘记曾经给自己设定的离婚期限。巨大的矛盾。"11月底，我彻底爆发了。现在我正接受抑郁治疗。我的丈夫也意识到我们已经处于离婚边缘。我们努力找寻缺失已久的温柔和关爱。现在，我完全无力考虑离婚的事情。像我跟您说过的那样，我会等，一直等到女儿3岁（她现在18个月）。"